eye.

守望者

——

到灯塔去

〔加〕阿尔维托·曼古埃尔 著

李卓群 译

和博尔赫斯
在一起

CON
BORGES

ALBERTO

MANGUEL

南京大学出版社

那时，有一束光，
照亮了他的脑海

赵　松[1]

　　若按希伯来原初宗教里的说法——上帝以语言创世，那像博尔赫斯这样的人，在其内心深处就很可能藏着一个渴望成为"上帝"的人，企图用文字创造并主宰另一个无限的世界。或许也正是基于类似的理解，翁贝托·埃科才会在其重要的长篇小说《玫瑰的名字》里借用博尔赫斯的形象，塑造出那个暗中掌控修道院并狂热地守护着图书馆的盲修士豪尔赫，后来他甚至声称："图书馆加上盲人，只能产生博尔赫斯。"而在那部小说杰作

1　赵松，作家、诗人、文学与艺术评论家。1972 年生于辽宁抚顺，现居上海。著有《抚顺故事集》《空隙》《积木书》《最好的旅行》等。

中,最后豪尔赫是吞吃了那本被他自己涂了毒的珍贵古籍,在自己意外引发的图书馆大火中死去的。这种处理方式似乎也证明翁贝托·埃科对博尔赫斯有着极深的了解,因为后者曾表示过,有时候,他其实也想象过一个完全没有书的世界。

二十世纪五十年代中期,阿根廷的独裁者庇隆下台后,博尔赫斯已是享誉欧美的代表性拉美作家,并众望所归地成为阿根廷国家图书馆馆长。也正是在这个时候,家族遗传性眼疾却已令他近于双目失明。为此他自嘲道:"命运赐予我80万册书,由我掌管,同时却又给了我黑暗。"而这黑暗,这漫无边际的囚室,就好像是上帝专门用来惩戒这位胆敢声称天堂是图书馆的样子人的。这个兴趣极其广博的不可知论者,这个沉湎于神秘主义的异教徒,这个本质意义上的渎神者……无论是他写的书还是读过的书,都是他构建通天塔的砖石,最后也将会是其坟墓的理想材料。当然,死亡还不会很快就降临,失明之后他还要等很久,在慢慢变深的昏暗中,在逐渐降临的黑暗里,在日复一日的倾听中……等到他拥有了足够的耐心,他将领悟:黑暗即光明。

当然,在领悟的时刻,博尔赫斯可能还会意识到,在奥林匹斯诸神和古希腊英雄的早已不复存在的世界里,自己如何才能成为一个兼擅散文与短诗的荷马,以文字之舟去做无尽的言说与漫游,却又不会令人厌恶。

有谁能为博尔赫斯写本理想的传记呢?在看过常见的几种博尔赫斯传记后,我觉得,博尔赫斯其实并不需要传记;或者,还可以换个说法,博尔赫斯不可能有真正的传记。因为没人能让自己的文字越过博尔赫斯的作品来重构其存在,任何要在博尔赫斯的生活、阅读与写作之间构建起某种因果关系的企图都注定是徒劳的。

博尔赫斯的日常生活在很大程度上已被他的阅读与写作所瓦解甚至吞噬。或者说,他的日常生活不过是写作与阅读行动留下的遗迹,任何关于博尔赫斯日常生活的叙事与分析都注定会显得微不足道且相当乏味……而当传记作者为了消除或缓解这种尴尬状态时,又必然会试图通过引用博尔赫斯的作品内容来谋求某种平衡，可是这样做的结果只能是适得其反。说到底，这些来自作品的文字不会成为他个人生活的任何意义上的证明，相反，它们会让那些与他的生活相关的文字黯然失色，会让读者忽然意识到——博尔赫斯的世界不会在其传记里，只能在其作品里。他的传记，只能是他所有作品的集成。

阿尔维托·曼古埃尔的这本薄薄的《和博尔赫斯在一起》，既没有为博尔赫斯做传的野心，甚至也没有写成文学评传的意图。这位从前辈博尔赫斯那里习得了淡定、从容与克制的作者，深知记忆与回忆的可贵与不可靠，因此他才会说："这些文字不是回忆；是对回忆的回忆的一种回忆。而能证明这些回忆存在过的事实都已日渐模糊，只依稀留下一些图像，一些我也不能确定准确记得的只言片语。"当他如是说时，意味着这个试图穿越岁月的迷雾，重新发现光芒闪烁的时刻与耐人寻味的场景的文本，有其天然的文学属性。他为它选择了双线结构：一是简练描述那些令他印象颇深的场景；二是反思评述与博尔赫斯的阅读、写作及思想密切相关的人与事。在前者中,他仿佛只是默默地看着博尔赫斯,写下他看到的一切;而在后者中,他则试图让人意识到,当他追忆博尔赫斯时,已不只是作为曾经的在场者,更多还是作为能与博尔赫斯进行平等对话的作者来发声的。

"博尔赫斯的世界完全是由语言构建的,很少涉及音乐、色彩或是形状。"曼古埃尔写道,"他的事,就是文学。"在几乎立即就认同了这种精辟的说法时,我其实想说的是,博尔赫斯的这种特质,恰恰是很多貌似迷恋其作品的人和那些莫名讨厌他的人所无法意识到的基本事实。很多人喜欢跟传媒一起把博尔赫斯塑造成一个文学传奇,去反复谈论他的智慧与神秘、他的镜子与迷宫,还有他对独裁的反抗与他的失明,却从来都无法真正靠近他的语言世界——不管他们以何种方式打开他的书,或是以何种夸张的姿态与腔调来谈论他。就通常最多见的关于博尔赫斯的说法来看,人们所执意迷恋的,其实都不过些姿态与腔调,对于他们来说,博尔赫斯就像他们在化装舞会上碰到的一位戴着奇特面具而又低调的贵客，他们热情地谈论着他的一切，却从未倾听过他的声音，也从未凝视过他的文字。

他们也不可能会明白，为什么曼古埃尔会说："博尔赫斯是一个充满激情的梦想家，他很喜欢讲述自己的梦境。在梦境中，在梦的'无限疆界'里，他觉得自己可以超越思想和恐惧的极限，并且能够在完全自由的情况下发展自己的故事情节。他特别喜欢睡着之前的那几分钟，介乎清醒和进入睡眠状态之间，正如他所说，能够'意识到自己正在失去意识'。'我会自言自语些无意义的话，看到新的地方，让自己顺着梦境的斜坡下滑。'"因为他们从来不在博尔赫斯所预设的读者范畴：

"我并非是为了少数精选的读者而写作的，这种人对我毫无意义。我也并非是为了那个谄媚的柏拉图式的整体，它被称为群众。我并不相信这两种抽象的东西，它们只被煽动家们所喜欢。我写作，是为了我自己和我的朋友们，我写作，是为了让光阴的流逝使我安心。"

我的一位朋友曾有些抑郁地告诉我,这个阿根廷老头子,他的文字,能让某些人暴露自己那疯狂的本质。或许,他这样说只是为了表达其对博尔赫斯又爱又怕并难以割舍的情绪。这个偶尔也会在梦境里对镜子和迷宫感到恐惧的博尔赫斯,之所以能让某些人暴露出疯狂的本质,是因为他总能以最为简约的方式构建并传达自己的那些沉湎于幻想、文字、书籍,以及神秘事物的趣味,并总能让人的想象在不经意间慢慢地失控。正像翁贝托·埃科所暗示的那样,博尔赫斯无论是在失明前还是在失明后,在其内心深处总归都隐藏着某种与书籍世界密切相关的疯狂,这种情绪或者说激情就像某种毒液与烈火,会让他即使在平静中也会处于某种莫名的危险的边缘。

在《特隆,乌克巴尔,奥尔比斯·忒蒂乌斯》里,博尔赫斯写道:"我靠着一面镜子和一部百科全书两者加在一起,发现了乌克巴尔。"他似乎想要通过这个小说来折射自己那魔法般疯狂的秘密。"这部小说……其叙述者要省略或者歪曲许多事件,引起各种各样的矛盾,使少数的几个读者——极少数的读者——能够从中预见到一个残酷而平庸的现实。"而在那个特隆星球的国家里，"（人人）都是——天生都是——理想主义者。……他们并不认为空间持续地存在于时间之中。地平线上一团烟雾的观念，原野着火的观念，一支没有熄灭因而引起火灾的雪茄的观念，被认为是思想互相联系的一个例子……特隆的形而上学家，不探求真理，也不探求近似的真理，他们只探求大吃一惊。他们认为形而上学是幻想文学的一个分支……他们的理论是：现在是不确定的，将来并不现实，不过是现在的希望，过去也并不现实，不过是现在的记忆。另一个学派声称：全部的时间已经过去，我们的生命仅仅是一个无可挽回的过程的模糊记忆或者反映，所以无疑是虚假的，而且是残缺的。"

在追忆博尔赫斯的过程中，曼古埃尔并没有表现出对这位前辈大师的仰视状，而是始终保持着某种平视靠近的感觉，并且内心平静。在这本小书里，他的叙述很可能跟他当初给博尔赫斯读书时的语调与节奏相近似。当然，他丝毫都不会怀疑自己给予博尔赫斯的那至高的评价：

"在这个喧闹的世纪，博尔赫斯是如此重要，没有一位作家能像他一样改变我们与文学的联系，尽管也许其他作家在探索我们的内在世界时能够更大胆、更深入。毫无疑问，有些作家能够比博尔赫斯更加有力地记录下社会的苦难和我们的生活；也有些人能够更自如地在我们内心丛林地带冒险。但博尔赫斯从不担心这一切。相反，在漫长的一生中，他为我们勾勒了其他的探索版图，尤其是他自己喜欢的类型——幻想。"

令博尔赫斯在欧美走红的那些西方文学批评家们，也喜欢称博尔赫斯的文学实践为拉美幻想文学，或称之为拉美爆炸文学、魔幻现实主义的先驱。他们之所以会如此热衷于肯定博尔赫斯的价值并给予其极高的地位，有一个重要的原因，就是在他们看来，博尔赫斯是以现代主义的视角、极简主义的笔触，成功地为处于十八、十九世纪欧洲的神秘主义、人文主义之间的某些知识与趣味创造出新的存在方式。现代主义以来的欧美世界里还没有出现过像博尔赫斯这样集神秘、渊博、芜杂、矛盾和精练于一体的作家。而对于那些晚辈拉美作家而言，博尔赫斯是现代主义文学在拉美获得成功的象征，这个成功给他们带来了前所未有的信心。他们在博尔赫斯式的现代主义探索方式（形式创新加书籍知识之海）里找到了新方式——形式创新加拉美语境。正像曼古埃尔所说的那样，"尽管无意为之，博尔赫斯却永远改变了文学的概念，也改变了文学史的概念"。

曼古埃尔在书中透露，几乎所有慕名到博尔赫斯家里做客的人都会非常意外地发现，在这位阅读大师的家里，并没有想象中那么多的书，即使也有放满书的书架摆在客厅或书房的角落里，地板上也会堆些书。更让人意外的，是博尔赫斯家里没有一本他自己的著作，用曼古埃尔的说法就是："博尔赫斯记得所有，手里不需要拿着书就能清楚地记得自己写下的一切，尽管他总说这些作品属于被遗忘的过去，却能背诵他创作的每一篇文章，常常让听者既讶异又惊喜。对于博尔赫斯来说，遗忘是经常会出现的一种愿望，可能是因为他知道这是不可能的；记忆的缺口只不过是一种假装的遗忘。"

在谈及博尔赫斯自二十世纪二十年代就不断遭受的各种批评时，曼古埃尔为博尔赫斯做出了辩护，最后还颇为宽容地认为："尽管博尔赫斯充满人道主义，但有时他的偏见也让他看起来幼稚得出人意料。"在这样说的时候，他可能忘了，在他眼中博尔赫斯当然是个脱离现实的人，但对于博尔赫斯来说，他所书写的世界就是现实，即使他的言说也是书写，因为"博尔赫斯的世界完全是由语言构建的……"其实，喜欢博尔赫斯的人都知道，他的秘密都在其作品里，而不在其日常生活中。正如曼古埃尔所说的那样："对于博尔赫斯来说，永生不朽存在于作品中，存在于他的宇宙梦想中，因此他并不觉得永恒存在是必要的。"而且，"如果有一本书会永远消亡，那么一定有人会再重写一遍。对于任何人来说，这已经算是一种不朽了。"

曼古埃尔还以最为平淡的笔触让我们意识到博尔赫斯的孤独有多深，"我最后一次见到博尔赫斯是在

1985 年，在巴黎洛泰尔（L'Hotel）酒店的地下餐厅。他很忧伤地谈到阿根廷，说即使有人说那是他的土地，是他生活过的地方，但实际指的也不是具体的场所，而是一种归属感，是他为数不多的朋友们的陪伴。"这种孤独的状态是那些仰慕者、好奇者、猎奇者们所无法理解的，甚至也不是很多阅读方面的资深人士、狂热的写作者们所能理解的。他们不可能知道，这位名声显赫的博尔赫斯，既是他那个文字世界的创造者与守护者，同时又被冥冥中的上帝把他的肉身遗弃在这个他所无法看见的日常世界里。

相对于那些试图对博尔赫斯的人生做出深度更深的挖掘与分析的传记作者而言，曼古埃尔的方式是克制而又得体的，而这种方式自是所来有自，不管这么多年以来他对博尔赫斯的印象有什么样的改变，也不管他对博尔赫斯作品的评判发生了多少变化，他非常清楚的一点是，记忆中那些与博尔赫斯有关的时刻，对他来说无论它们会如何的模糊都永远是神秘而又珍贵的，当他使用自己的语言做出呈现时，他知道，他必须保持某种意义上的静默,而不是像很多人那样喋喋不休。

"1986 年 6 月 14 日,博尔赫斯在日内瓦辞世。……在瑞士的一家医院,护士为他阅读了最后一本书,是诺瓦利斯的《亨利希·冯奥夫特尔丁根》;也正是在日内瓦,青少年时期的博尔赫斯第一次读到这部作品。"无论如何,当你在这本小书里看到这样的一段文字出现在全书即将结束的地方时,都不免要对作者曼古埃尔表达赞许的,能注意到这样的细节,说明他真的是有心人,说明在他的心里,始终都怀有对博尔赫斯这位前辈及其作品的深深的热爱。他用这样一本极为克制得体的书告诉你,"和博尔赫斯在一起",绝对不是一种日常生活意义上的经历,而只能是精神层面的经历——那时,有一束光,照亮了他的脑海。

2019 年 4 月 13 日　上海

和博尔赫斯在一起

献给埃克托·比安西奥蒂[1]

无比慷慨的见证者

1　埃克托·比安西奥蒂(Héctor Bianciotti, 1930—2012),出生于阿根廷的法国作家,法兰西学术院院士。

我跟随着记忆回到六十年前的某个午后，回到我父亲在布宜诺斯艾利斯的图书馆。我正望着我父亲；我看到煤气灯，甚至能够触碰到那些书架。尽管如今图书馆已不复存在，我依然清楚地记得伯顿的《一千零一夜》和普雷斯科特的《秘鲁征服史》所在的位置。

——豪尔赫·路易斯·博尔赫斯，《诗艺》

我穿过佛罗里达大街的人群，走进刚修建好的"东边画廊"(Galería del Este)商场，再从另一侧走出来，穿过麦伊普大街，来到一幢红色的大理石建筑前。这里是麦伊普大街994号。我按下写着6.°B.的门铃，穿过凉爽的楼道爬楼梯来到6层。我按下门铃，女管家为我开门。就在她准备邀我进门之际，博尔赫斯从一幕厚重的幔帘后探出身，努力保持着身体的挺拔。他穿着一身系扣灰色西服，里面是白色衬衫，打着一条黄色条纹领带，平整得几乎没有任何褶皱。他向我走过来，略微拖动着双腿。博尔赫斯在年近六旬时就已失明，即使是在这样熟悉的空间里，他也会在移动时迟疑犹豫。他和我打招呼，漫不经心地伸出右手和我握了一下，再无更多客套。他没有太理会我，我便跟着他来到客厅，之后他笔直地坐在长沙发上，脸朝向门。我坐在他右手边的扶手椅上。他问我（他的问题总是充满诗意）："那么，今晚我们来读吉卜林[1]如何？"

1964 年到 1968 年间，我有幸成为众多为博尔赫斯阅读的人之一。那几年，下午下了课我会在布宜诺斯艾利斯一家名为"皮格马利翁"[2]的英文—德文书店打工。博尔赫斯经常光顾这家书店，这里也成为文学爱好者汇聚的场所。书店的女主人是德国人，名叫莉莉·莱巴赫，为逃离纳粹的恐怖迫害来到这里。她总是会颇为自豪地向书店往来的读者介绍欧美最新出版的作品；而她

---

1 约瑟夫·鲁德亚德·吉卜林(J. R. Kipling, 1865—1936)，生于印度孟买，英国小说家、诗人，被誉为"短篇小说艺术创新之人"。博尔赫斯在《私人藏书：序言集》(1988)中称自己曾上百次阅读吉卜林的一些短篇小说。(若无特别标注，本书注释皆为译者注。)

2 原文为"Pygmalion"，亦为爱尔兰剧作家萧伯纳创作的戏剧名，中文又译《卖花女》。皮格马利翁原是罗马神话中一位雕刻家的名字，最终爱上了自己刻的雕像。

自己则是文学增刊的狂热读者，不仅喜欢阅读出版社的出版书目，更拥有洞悉顾客阅读喜好的天赋。是她教会我作为书商应该了解自己所出售的书籍；也是她坚持让我阅读刚刚面市的许多新作品。我很容易被她说服。

当时的博尔赫斯是国家图书馆馆长。日落时分，工作结束后，他会在回家的路上到皮格马利翁书店逛一逛。有一天，他在书店里挑选了三四本书，然后问我如果晚上我没有其他安排，是否可以为他读书，因为他的母亲已九十高龄，很容易觉得疲惫，力不从心。博尔赫斯会请任何人为他读书：学生，来采访他的记者或是其他作家。曾有很多人为博尔赫斯朗读，这些人就像包斯威尔[1]一样，记录并见证了博尔赫斯的生活。尽管他们彼此并不相识，却作为一个整体共同保存着这位世界上最精准的读者之一的记忆。当时的我只有十六岁，并不知道博尔赫斯其人。我接受了他的邀请，每周会去他的

---

1 詹姆士·包斯威尔(James Boswell, 1740—1795)，英国传记作家。

寓所三次，最多四次。他和母亲以及管家范妮一起住在一个狭小的公寓里。

当时的我显然还未意识到这是怎样一种殊荣。我的阿姨非常仰慕博尔赫斯，因此她对我冷静沉着的反应非常恼怒，并且要求我每次去拜访博尔赫斯时都带上日记本做好笔记。但对我而言，那些与博尔赫斯共同度过的午后并无特别（青春时期的我年少轻狂）。那些午后时光构建出的就是书籍的世界，我也时常觉得那就是我生活的世界。更确切地说，和其他人的交谈让我觉得很奇怪或者多少有些无趣，比如和老师讨论化学或是南大西洋的地理环境，和同学聊足球，再或者和亲戚们说我的考试成绩或健康状况，跟邻居们拉家常、议论其他人。然而在我看来，和博尔赫斯的交谈却是非常纯粹的对话：关于书籍以及书籍之间的联系，关于当时我尚未阅读过的作家，我从未有过的想法，或是一直凭着直觉却始终没有理清楚、想明白的问题……在博尔赫斯的口中，所有这些对谈的内容都变得丰富起来，鲜活生动，闪耀着智慧的光辉,展现着它蕴藏的无穷宝藏。我没有做笔记,因为在与博尔赫斯相处的时间里,我吸收了太多内容。

从最初的几次拜访开始,我就觉得博尔赫斯的寓所仿佛存在于时间之外,或者说,存在于博尔赫斯通过文学体验而构建的时间里——这时间涵盖了充满韵律和节奏感的英国维多利亚时期和爱德华时期,囊括了北欧中世纪早期;既有二三十年代的布宜诺斯艾利斯,也有博尔赫斯热爱的日内瓦;是德国表现主义的时期,是被唾弃的庇隆时代;是马德里和马略卡岛的夏日,也是他第一次受到美国人民的热情欢迎、在德克萨斯大学奥斯汀分校度过的数月美好时光。正是这些经历和体验,构成了博尔赫斯世界里的时间节点、它的历史和它的概貌:一切是过去,"当下"很少出现。博尔赫斯很喜欢旅行,却无法看见游历过的地方(大学和基金会是从六十年代开始才频繁邀请博尔赫斯的),因而对于这个需要感知的世界,他带有一种特别的轻视,唯独阅读的体验除外。撒哈拉的沙或尼罗河的水，冰岛的海岸，抑或古希腊和古罗马的废墟，所有这些给人带来愉悦或惊恐感受的万事万物，只不过证实了《一千零一夜》某一页中描绘的场景，证实了《圣经》中的记述或《尼亚尔传说》[1]中的记载，以及荷马或维吉尔的吟诵。而博尔赫斯则将所有这些"印证"珍藏在自己简陋的寓所中。

在我的记忆里，博尔赫斯的家避风又温暖，充满香气，因为管家范妮总是坚持要把暖气的温度调得很高。她也会在博尔赫斯的手帕上喷洒古龙水，再把它放到他外套胸口的口袋里，让折好的手帕露出一角。寓所很幽暗，可能是为了让失明的博尔赫斯更容易适应，也能营造出一种让人觉得舒服的疏离感。

博尔赫斯的眼疾很特殊，从他三十岁起就不断扩大、加重，一直到五十多岁时彻底失明。从出生那天起，

---

1 *Njals Saga*，冰岛民间故事。

博尔赫斯就知道自己注定会失明，因为他知道自己遗传了祖母和曾外祖父的弱视。他们都是英国人，在离世时也都已失明。这种遗传也来自博尔赫斯的父亲，他几乎是在和博尔赫斯相同年纪时开始失明。但老博尔赫斯在去世的前几年接受了手术，术后便恢复了视力。博尔赫斯经常会谈起自己的失明，大多数时候也都忆及文学：他会隐喻地说这是上帝"绝妙的讽刺"，因为上帝同时赐予了他"书籍和黑夜"；也会以弥尔顿和荷马这两位杰出的盲诗人来追溯历史；或是从迷信的角度说自己是继何塞·马莫尔[1]和保罗·格鲁萨克[2]之后第三任患有失明的图书馆馆长；又或是以科学作比，感叹自己无法在周围浅灰色的雾气中分辨出黑色，但也会因为能感知眼睛唯一可以辨识出的黄色而高兴。那是他钟爱的老虎的黄色，是他偏爱的玫瑰的黄色。博尔赫斯的朋友们知道他喜爱黄色，因此每年他生日时都会为他买上色彩

1　何塞·马莫尔（José Mármol, 1817—1871），阿根廷诗人、小说家。

2　保罗-弗朗索瓦·格鲁萨克（Paul-François Groussac, 1848—1929），法国出生的阿根廷作家、文学评论家、历史学家和图书管理员。

鲜艳的领带；而博尔赫斯则会引用奥斯卡·王尔德的话来表达感受——只有"聋子才能戴像这样的领带"，或是用悲叹的语气感慨失明和老年迟暮是独处的不同方式。失明让他封闭在孤零零的房间中创作着姗姗来迟的作品。他会在脑海中建构要写下的句子，待语言组织好就用口述的方式讲给身边最先遇到的人。

"请问，您可以帮我记录一下吗?"那是博尔赫斯刚刚创作好并背诵下来的诗句。他用自己最喜欢的节奏韵律一个词一个词地吟诵出来，说明标点符号的使用。他吟诵着新创作的诗歌，一句接着一句，没有分行，每每在最后一个词才稍做停顿。之后，他会请记录的人再为他朗读一遍，两遍，五遍。他对此感到很抱歉，但很快又会请他们再次朗读，仔细听每一个词，推敲掂量。不一会儿他就会加上一行诗，反复推敲后又会再加上一行。这些跃然纸上的诗句或段落(有时他也会重写散文)是博尔赫斯凭着想象构建的,作为读者却很难想象,这刚完成的作品竟不是由作家本人第一次执笔写就的。诗作完成后(散文的创作需要许多天),博尔赫斯会拿起那张纸对折好,然后放进自己的钱夹或是夹进某本书里。有意思的是,他也会用同样的方式来放钱。他拿出一张纸钞,对折成一条,然后夹在他的某本藏书中。日后需要买东西时,他就会取出一本书,拿出他之前放在里面的钱(但不是每次都能找到)。

在家中(以及国家图书馆常年工作的办公室里),博尔赫斯很注重生活和工作的舒适性,只要是他待过的地方,都没有太大变化。每当夜幕降临,我穿过他家门口的帘幔,一眼就能看到他寓所的布局。右侧是餐厅,摆放着一张铺着花边桌布的深色桌子和四把直背椅子;左侧的窗户下面摆放着一张破旧的长沙发和两三把扶手椅。博尔赫斯常坐在长沙发上,我就坐在他对面的扶手椅上。即便是在开怀大笑的时候,他已失明的双眼也永远透出哀伤的神情。他说话时眼睛会盯着空间中的某一点，我也会趁机环视房间，再次熟悉着他日常生活中的物件：一张小桌子，上面摆放着一个银质的大花瓶和他祖父使用过的马黛茶壶；一个从他母亲小时候就在使用的小写字台；两个已经加固过的白色书架，用来摆放百科全书；还有两个深色的木制矮书架。墙上挂着一幅博尔赫斯的妹妹诺拉画的描绘"圣母升天"场景的画，以及皮拉内西[1]的版画，画中展现了神秘的环形废墟。在左侧是一条通向卧室的短走廊：一间卧室是博尔赫斯母亲的，房间里摆满了旧照片；另一间卧室是他自己的，像是一位隐士的房间。有时，当我们晚上准备出门去散步或去对面街角的朵拉酒店用晚餐时，耳边就会传来莱昂诺尔女士的声音："乔治，不要忘了大衣，你会着凉的。"莱昂诺尔女士和大白猫贝波是寓所中两个如幽灵般的存在。

我不常见到莱昂诺尔女士。通常我到寓所的时候，

---

1 乔凡尼·巴蒂斯塔·皮拉内西（Giovanni Battista Piranesi, 1720—1778），意大利雕刻家和建筑师，以蚀刻和雕刻现代罗马和古代遗迹而成名。

她会待在自己的卧室里，只有在不时发号施令或者提出建议的时候她才会发声。博尔赫斯会称莱昂诺尔"母亲"，而她始终以"乔治"来称呼儿子，这是博尔赫斯来自诺森比亚的祖母为他起的小名。自幼年起，博尔赫斯就知道自己注定会成为作家，作家这份职业也成为其家族传奇中的一部分。1909 年，博尔赫斯一家的朋友、街头行吟诗人埃瓦里斯托·卡列戈——也是博尔赫斯早期一部随笔集的主题，为莱昂诺尔女士之子、十岁的博尔赫斯创作了几行诗，而当时的小博尔赫斯已非常迷恋阅读：

> 愿你的儿子，
>
> 令你骄傲的孩子，
>
> 已在心里
>
> 渴盼着赞颂的孩子，
>
> 随着梦想
>
> 虔诚的翅膀，
>
> 传来新的捷报

继续采摘

结出酿造雅歌美酒的

丰硕葡萄。

可以料想,莱昂诺尔女士很强势,也非常宠溺自己如此出名的儿子。有一次,莱昂诺尔在接受法国电视台的一档纪录片采访时犯了口误,一不小心就演化成弗洛伊德所说的恋子情结。当时,有人问及莱昂诺尔作为博尔赫斯秘书的角色和工作,她表示自己曾照料失明的丈夫,如今也同样地照料自己失明的儿子。她本想说:"J'ai été la main de mon mari;maintenant,je suis la main de mon fils"("过去我就像我丈夫的手,如今我就是我儿子的手"),但受西语发音的影响,在发"main"这个词时,她打开了二重元音的发音,于是这句话听上去就变成了"J'ai été l'amant de mon mari;maintenant,je suis l'amant de mon fils"("过去我曾是我丈夫的情人,如今我是我儿子的情人")。而了解她的人对此却并不感到惊讶。

军事历史学家们可能会把博尔赫斯的卧室(有时候他会叫我去卧室找书)比作"斯巴达人"房间的样子。一张铁床上面铺着一席白色床单,贝波有时会蜷缩在上面;还有一把椅子、一个小写字台和两个矮书架,这些就是房间里的全部家具。墙上挂着带有瑞士不同军队兵器盾徽的木盘和丢勒[1]的版画《骑士、死亡和恶魔》,并配上了两行韵律工整的十四行诗。在博尔赫斯的一生中,每天临睡前他都会做同一件事:换上白色睡衣,闭上眼睛,然后用英文高声诵读《天主经》。

博尔赫斯的世界完全是由语言构建的,很少涉及音乐、色彩或是形状。他曾多次表示,自己对绘画一无所知,永远像失明一般;还表示自己很喜欢阿根廷画家,也是他的朋友苏尔·索拉[2]和妹妹诺拉·博尔赫斯的画

---

1 阿尔布雷希特·丢勒(Albrecht Dürer, 1471—1528),德国画家、版画家及木版画设计家。
2 苏尔·索拉(Xul Solar, 1887—1963),阿根廷画家、雕塑家、作家、虚构语言的发明家,精通占星术、神秘科学、语言和神话。

作，还有丢勒、皮拉内西、布莱克[1]、伦勃朗[2]和透纳[3]的绘画，但比起这些艺术家的画作，博尔赫斯更钟爱他们的文学创作。博尔赫斯批判埃尔·格列科[4]画中的天堂都是公爵和大主教（"一个类似罗马教廷的天堂在我看来和地狱一样……"），而对于其他画家，他几乎闭口不谈。博尔赫斯对音乐似乎也并不敏感。他说他喜欢勃拉姆斯[5]（博尔赫斯最佳短篇小说之一的标题就叫作《德意志安魂曲》），却很少听他的音乐。有时在听莫扎特时，他又称自己现在完全沉迷于莫扎特的音乐，不知人们在莫扎特诞生之前的年代是如何挨过了那么漫长的岁月；但之后他就会全然忘记此事，直到再次听到莫扎

1　威廉·布莱克（William Blake，1757—1827），英国诗人、画家、浪漫主义文学代表人物之一。

2　伦勃朗·哈尔曼松·凡·莱因（Rembrandt Harmenszoon van Rijn，1606—1669），欧洲巴洛克绘画艺术的代表画家之一，也是十七世纪荷兰黄金时代绘画的主要人物，被称为荷兰历史上最伟大的画家。

3　约瑟夫·马洛德·威廉·透纳（Joseph Mallord William Turner，1775—1851），英国浪漫主义风景画家、水彩画家和版画家，其作品对后期印象派绘画的发展有相当大的影响。

4　埃尔·格列科（El Greco，意为"希腊人"，1541—1614），西班牙文艺复兴时期画家、雕塑家与建筑家。

5　约翰内斯·勃拉姆斯（Johannes Brahms，1833—1897），浪漫主义中期德国作曲家。

特。他常会哼唱探戈（尤其是老曲子）或米隆加[1]的曲子，却厌恶阿斯托尔·皮亚佐拉[2]。在博尔赫斯看来，探戈从 1910 年起便走向衰落。1965 年，他曾为几首米隆加舞曲填词，但表示自己从未能填出一首探戈的词。"探戈是属于夜晚的，但在我听来太过感伤，太像催人泪下的戏剧了，比方《当一切已终结》（Lorsque tout est fini）……"博尔赫斯说他喜欢爵士乐，还能记起一些电影中的配乐，尽管音乐本身或者对故事情节发展的推动更让他着迷，就像伯纳德·赫尔曼[3]为电影《惊魂记》创作的配乐一样。博尔赫斯对这部电影赞誉有加，认为它体现了另一种"Doppelgänger"[4]。在电影中，具有双重人格的杀人

1　一种风格近似探戈的流行舞曲音乐形式，起源于拉普拉塔河流域，在十九世纪七十年代达到全盛时期，但至今仍经久不衰，对日后探戈风格的定型起了很大的影响。

2　阿斯托尔·皮亚佐拉（Astor Piazzola，1921—1992），阿根廷作曲家以及班多钮手风琴演奏家，被称为"探戈之父"。

3　伯纳德·赫尔曼（Bernard Herrmann，1911—1975），美国电影配乐作曲家，曾为阿尔弗雷德·希区柯克多部名垂青史的影片如《惊魂记》谱写音乐，很好地配合了其塑造的影像。

4　即"面貌极相似者"，无论是在小说、非虚构作品还是现实世界中，"双重性"的概念都始终贯穿博尔赫斯的创作。

犯化身为已被他自己杀掉的母亲。在博尔赫斯看来，这种想法本身就充满了神秘的吸引力。

他让我陪他去电影院看音乐剧《西区故事》。他已看过许多遍，但还是颇有兴致，从不会觉得无聊。在路上，他低声哼唱起《玛丽亚》，说女主角的名字已不仅仅是和上帝有关的一个称呼，比如碧娅特丽斯、胡莉叶塔、莱斯比娅、劳拉。"最后，所有的一切都会因为这名字而受污染。"他说道。"当然，如果一个女孩的名字是'古梅尔辛达'，给人的感觉就不一样了吧？或者叫布斯特夫列达，或者大脚贝尔塔。"博尔赫斯开玩笑暗自笑道。我们在位子上坐好，刚好放映厅的灯熄灭。跟博尔赫斯一起看他已经看过的电影会更加轻松，因为不需要向他描述太多内容。他总说自己可以看到银幕上发生的一幕幕场景，可能是因为有人提前告知了他电影的情节。他对两伙人之间史诗般的决斗、对女性的角色以及用红色来展现冬日的纽约等话题进行了一番评论。电影结束后，我陪博尔赫斯回家，在路上他谈起了作为文学人物的城市，比如特洛伊、迦太基、伦敦、柏林。他本可以再加上布宜诺斯艾利斯，这座他曾赋予某种永生不朽的城市。博尔赫斯喜欢在布宜诺斯艾利斯的街头散步，最初他只是在南方街区散步；后来便会到市中心拥挤的街道散步，就像哥尼斯堡之于康德，这里已成为风景的一部分。

博尔赫斯将宇宙比作图书馆，并坦言曾想象天堂是"图书馆的样子"，但他自己的图书馆小得令人大失所望，就像他曾在一首诗中说道，语言只能"模拟智慧"。来到他家的宾客都期待见到汗牛充栋般的书籍，满满的书架，一摞摞杂志报纸堆满房间，角落里也能看到墨水和纸张。但截然相反，宾客们只在房间不起眼的一些角落看到博尔赫斯的藏书。二十世纪五十年代中期,年轻的马里奥·巴尔加斯·略萨去看望博尔赫斯,他在博尔赫斯装修极为简陋的房子里走了一圈,然后问这位文学大师为什么不住更大、更奢华的寓所。这样的评价让博尔赫斯很不满。"也许在利马是这样的,"面对略萨的冒失博尔赫斯如是答道,"但在这里,在布宜诺斯艾利斯,我们没有那么爱炫耀。"

尽管书架不多,却囊括了博尔赫斯的阅读精华。书架最开始的位置摆放着百科全书和词典,博尔赫斯对此很自豪。"我喜欢让自己觉得我并没有失明,像视力正常的普通人一样去亲近这些书籍。"他常说,"我对新的百科全书很感兴趣,我想我可以在百科全书的地图里了解河流,在这些文字介绍中找到宝藏。"他喜欢向人们说明其中的缘由:当他还很小时,就陪着父亲到国家图书馆;每每到了那里,由于害羞腼腆不敢借书,就会从可以自由读取的书架上拿一卷《大英百科全书》(Britannica),打开它然后津津有味地读起映入眼帘的第一个词条。

有时,如果幸运地拿到 *De－Dr* 字母打头的那卷,就能读到有关"巫师""德鲁士人"和"德赖登"的词条。他始终用这种有序的随机方法来阅读百科全书,用几个小时的时间来翻阅或请人代为阅读《博皮亚尼百科全书》(*Bompiani*)、《布罗克豪斯大百科全书》(*Brockhaus*)、《梅耶百科全书》(*Meyer*)、《钱伯斯百科全书》(*Chambers*)、《大英百科全书》(第 11 版,收录了麦考利[1]和德·昆西[2]的散文,博尔赫斯用 1929 年第二届市政文学奖的奖金购得)或是蒙塔内尔和西蒙出版社出版的百科全书词典。我常会为他查询词条:"叔本华"或"日本神道",再或是"疯女胡安娜"或苏格兰人说的"fetch"[3]。之后他会问起词典中收录的特别有趣的词条以及对应列在这卷大部头最后的页数。不同作者笔下充满神秘的注释就这样跃然纸上。

---

1 托马斯·巴宾顿·麦考利(Thomas Babington Macaulay, 1800—1859),英国诗人、历史学家、辉格党政治家。

2 托马斯·德·昆西(Thomas De Quincey, 1785—1859),英国著名散文家和批评家,被誉为"少有的英语文体大师"。

3 和德语中的"Doppelgänger"(面貌极相似者)一样,苏格兰人说的"fetch"(生魂)也指涉"双重性"的概念。

在客厅的两个矮书架上可以看到史蒂文森[1]、切斯特顿[2]、亨利·詹姆斯[3]和吉卜林的作品。博尔赫斯从书架上取下一本小小的、烫着红边的《斯托基公司》(*Stalky & Co.*)。在封面可以看到象头神伽内什和印度左旋卍万十字章——吉卜林为自己选的标志。但自战争期间纳粹开始频繁使用这一古老的符号后,吉卜林便不再使用。这本书是青年博尔赫斯在日内瓦购得的,1968年我离开阿根廷时他本要赠送于我。博尔赫斯会让我从书架上取下切斯特顿的短篇小说和史蒂文森的散文,我们曾在许多夜晚一起阅读,博尔赫斯也做了许多犀利且独到的精彩点评,毫不掩饰对这些伟大作家的钦佩之情。他甚至还像技艺高超的钟表师一样拆解其中的一些段落,为我分析这些作家是如何建构故事的。书架上还摆

---

[1] 罗伯特·路易斯·史蒂文森(Robert Lewis Stevenson, 1850—1894),苏格兰小说家、诗人与旅游作家,也是英国文学新浪漫主义的代表之一。

[2] 吉尔伯特·基思·切斯特顿(Gilbert Keith Chesterton,1874—1936),英国作家、文学评论家,创造了著名的教士侦探"布朗神父"。

[3] 亨利·詹姆斯(Henry James,1843—1916),十九世纪美国最伟大的小说家之一。

放着 J. W. 杜恩的《时间实验》(*An Experiment with Time*),几本 H.G.威尔斯[1]的作品,威尔基·柯林斯[2]的《月亮宝石》(*The Moonstone*),几本用黄色卡纸装订起来的艾萨·德·克罗兹[3]的小说,卢贡内斯[4]、古里尔德斯[5]和格鲁萨克的书,乔伊斯的《尤利西斯》和《芬尼根的守灵夜》以及马塞尔·施沃布[6]的《虚构的生活》(*Vies Imaginaires*),约翰·狄克森·卡尔[7]、米尔沃德·肯尼

1 赫伯特·乔治·威尔斯 (Herbert George Wells, 1866—1946),英国著名小说家、新闻记者、政治家、社会学家和历史学家。他创作的科幻小说常涉及"时间旅行""外星人入侵""反乌托邦"等二十世纪科幻小说中的主流主题。

2 威廉·威尔基·柯林斯 (William Wilkie Collins, 1824—1889),英国著名小说家、剧作家,后被认为是推理小说的先驱之一。

3 艾萨·德·克罗兹 (Eça de Queiroz, 1845—1900),葡萄牙小说家,著有反映葡萄牙现实生活的长篇小说《阿马罗神父的罪恶》和《马亚一家》。

4 莱奥波尔多·卢贡内斯 (Leopoldo Lugones, 1874—1938),阿根廷诗人、散文家、小说家、剧作家、历史学家、翻译家、传记作家、语言学家、神学家、外交官、政治家和记者,因创作的短篇小说成为阿根廷梦幻和科幻文学的重要先驱。

5 里卡多·古里尔德斯 (Ricardo Güiraldes, 1886—1927),阿根廷小说家和诗人,是所处时代最重要的阿根廷作家之一。

6 马塞尔·施沃布 (Marcel Schwob, 1867—1905),犹太法国象征主义作家,创作的短篇小说对博尔赫斯和波拉尼奥产生了重要影响,被称为"超现实主义先驱"。

7 约翰·狄克森·卡尔(John Dickson Carr, 1906—1977),美国推理小说家,推理小说黄金时期最重要的作家之一。

迪[1]和李察·霍尔（Richard Hull）的侦探小说，马克·吐温的《密西西比河上的生活》（*Life on the Mississippi*），阿诺德·贝内特[2]的《活埋》，戴维·加涅特[3]的平装袖珍版《动物园里的一个人》（*The Man in the Zoo*）以及配有精致黑白插图的《狐狸夫人》（*Lady into Fox*），奥斯卡·王尔德和路易斯·卡罗尔[4]几乎全部的作品，斯宾格勒的《西方的没落》、吉本的《罗马帝国衰亡史》，一些有关数学和哲学的书籍，包括史威登堡和叔本华的一些作品，以及博尔赫斯十分钟爱的弗里茨·毛特纳[5]的《哲学词典》。其中的绝大部分书籍从博尔赫斯青年时起就陪伴着他；其他一些英文和德文书则是博尔赫斯在布宜诺斯艾利斯的一些书店购买的，比如米切尔之家

1　米尔沃德·肯尼迪（Milward Kennedy，1894—1968），英国记者、犯罪作家和文学评论家。

2　阿诺德·贝内特（Arnold Bennett，1867—1931），英国作家，其作品入选二十世纪百大英文小说。著有《活埋》（*Buried Alive*）。

3　戴维·加涅特（David Garnett，1892—1981），英国作家和出版商。

4　路易斯·卡罗尔（Lewis Carroll，1832—1898），英国作家、数学家、逻辑学家、摄影家，以儿童文学作品《爱丽丝梦游仙境》与其续集《爱丽丝镜中奇遇》而闻名于世。

5　弗里茨·毛特纳（Fritz Mauthner，1849—1923），德国哲学家，语言哲学的代表。

（Mitchell's）、罗德里格斯（Rodríguez）和皮格马利翁，书上还贴着这些书店的标签，但如今它们都已不复存在。博尔赫斯常对来到他家的宾客们说，吉卜林的图书馆（博尔赫斯曾拜访）中有很多是科幻作品、有关亚洲历史的书籍或旅行文学，主要是行脚印度的作品。他觉得吉卜林不喜欢也不需要其他诗人或小说家的作品，好像只需自己的文学创作就足够了。博尔赫斯的想法却正相反：他认为自己首先是读者，最想读的就是周围其他人的作品。他还留着加尼耶（Garnier）版红色封皮的《堂吉诃德》，那也是博尔赫斯第一次阅读这部伟大的著作（这是他购买的第二本，由于第一本无法找到，博尔赫斯在快三十岁之前购得）；还有译成英文的格林兄弟的童话故事，这也是博尔赫斯记忆中最早阅读的作品。

博尔赫斯卧室的小书架不仅摆放着诗集，也是拥有整个拉丁美洲最全的英国和冰岛文学作品收藏的书架之一。这里有他学习和做研究所需的书目，他也曾这样形容：

重又操起了这早在成为哈斯拉姆[1]或博尔

赫斯之前的

诺森伯里亚[2]和麦西亚[3]的时代

自己就曾用如今已经化作尘埃了的嘴巴

讲过的那粗硬费力的语言[4]。

我知道其中的一些书,因为在皮格马利翁书店有
售,比如斯基特的词典、注释版《莫尔登战役》、理查德·
梅耶(Richard Meyer)的《古日耳曼宗教史》。另一个书
架上则摆放着恩里克·班奇斯[5]、海涅、德·拉·克鲁斯
等诗人的诗集,还有贝奈戴托·克罗齐(Benedetto

---

1 哈斯拉姆,博尔赫斯母系英国祖先的姓氏。
2 诺森伯里亚,盎格鲁-撒克逊英格兰最主要的王国之一。全盛时期,版图
   由爱尔兰海延伸到北海,七世纪时军事力量极为强大,九世纪时丹麦人的
   入侵对其文化生活和政治统一造成破坏,十世纪初斯堪的纳维亚人开始
   移居那里,随后成为伯爵领地。
3 麦西亚,盎格鲁-撒克逊诸王国之一,七至九世纪受丹麦人侵袭,遂没落解
   体。
4 诗作标题为《开始学习盎格鲁-撒克逊语法之时》,收录于博尔赫斯 1960
   年的诗集《诗人》。此处译文和注释参考林之木、王永年译本(《博尔赫斯
   全集·诗歌卷》,浙江文艺出版社,1999 年)。
5 恩里克·班奇斯(Enrique Banchs,1888—1968),阿根廷诗人。

Croce)、弗朗西斯科·托拉卡（Francesco Torraca）、路易吉·彼特罗博诺（Luigi Pietrobono）和奇诺·韦塔利（Guido Vitali）等所著的有关但丁的研究专著。

在家中的某个地方（可能是他母亲的房间里）存放着阿根廷文学作品，在一战爆发前这些书陪伴着全家迁居至欧洲：有萨米恩托（Sarmiento）的《法昆多》、爱德华多·古铁雷斯（Eduardo Gutiérrez）的《军事剪影》，维森特·菲德尔·洛佩兹（Vicente Fidel López）的两卷《阿根廷史》、马尔莫尔（Mármol）的《阿玛丽亚》、爱德华多·维尔德（Eduardo Wilde）的《普罗米修斯和众神》、拉莫斯·梅希亚斯（Ramos Mejía）的《罗萨斯和他的时代》、莱奥波尔多·卢贡内斯（Leopoldo Lugones）的几本诗集以及何塞·埃尔南德斯（José Hernández）的《马丁·菲耶罗》。当时，还是青少年的博尔赫斯选择带着《马丁·菲耶罗》上船，他的母亲莱昂诺尔对此却很反对，因为书里有太多颇具地方色彩的描写和鄙俗不堪的暴力描绘。

如果说博尔赫斯寓所的藏书中还缺少些作品,那就是他自己的著作。很多访客都想一睹其作品的早期版本,但博尔赫斯总是颇为得意地说自己连一本可能会印着他那"非常容易忘记"的名字的书都没有。有一次我在他家,邮差送来了一个很大的包裹,里面是一本博尔赫斯的小说《代表大会》的精装本,由弗兰科·玛丽亚·里奇(Franco Maria Ricci)出版社在意大利出版。这本书很大,用黑色丝绸装订,放在同样是丝绸做的盒子中,手工制作的蓝色法比亚诺(Fabriano)[1]纸上绣着烫金边的字母,每个插图都是手工制作的(密宗画插图),每一本书都有自己的编号。博尔赫斯要我为他描述一下。他非常仔细地听着,然后大声说道:"但这不是书,是糖果盒啊。"随即便把书送给了那位腼腆的邮差。

1　意大利文具商,拥有悠久的制纸工艺,历史可追溯到 1264 年。

有时候他会亲自去书架上取书。他自然知道每本书的位置，因此能够准确无误地走到那里。但有时候，他对一些书架并不熟悉，比方新的书架，这时就会发生很奇妙的事：博尔赫斯会用手指滑过书脊，用触觉感受着每一本书的凹凸起伏，就像感受地形图一样，尽管他对这样的起伏并不熟悉，但肌肤和书脊的触碰仿佛能够破译这种特殊而微妙的变化。他的手指划过之前从未打开过的书，凭着手工艺人般的直觉就能知道抚过的书是哪一本。失明的他甚至能够准确地知晓书的作者和标题（我曾经见过一位老巴斯克神父用这种方式区分蜜蜂,让它们去不同的蜂巢;我也记得加拿大落基山脉有名护林员,只需用手指划过树干的地衣,就能确切地知道他位于森林的哪一个区域)。我深信,在博尔赫斯这位老图书管理员和他的书本之间存在某种微妙的关联,无法用科学来解释。

对于博尔赫斯而言,现实存在于书中,存在于读书中,存在于写书中,存在于谈论书中。他发自内心觉得自己仿佛是在延续自几千年前就早已开始的对话。而在博尔赫斯看来,这对话无穷无尽,永远不会结束。书籍修复了过去。"随着时间,"他对我说,"所有的诗歌都会变成挽歌。"他对时下流行的文学理论没有多少兴趣,特别批评法国文学太过强调学院派别,而非关注作品本身。阿道弗·比奥伊·卡萨雷斯[1]曾告诉我说,就文学而言,博尔赫斯是唯一一个"从不受世俗约定束缚,也不

---

1 阿道弗·比奥伊·卡萨雷斯(Adolfo Bioy Casares,1914—1999),阿根廷小说家、记者、翻译家,注重对幻想世界的探索。博尔赫斯晚年失明后,卡萨雷斯成为他和外界联系的主要渠道之一。

会被经验或惰怠影响的人"。他是一位无序的阅读者，有时他只喜欢阅读故事梗概和百科全书的词条。而尽管他称自己没有读完《芬尼根的守灵夜》，却仍然可以滔滔不绝地讲述乔伊斯筑立的语言丰碑。他从不觉得读书就要读到最后一页。博尔赫斯的藏书（和其他读者一样，藏书也是个人的自传）体现了他对偶然和无序的深信不疑，"我是享乐型读者：不会在像买书这样如此私密的个人喜好中带入某种责任感"。

这样包容的文学态度（他与蒙田、托马斯·布朗爵士[1]和劳伦斯·斯特恩[2]有着相同的理念）反过来也解释了博尔赫斯为何会幻化地出现在丰富多样的作品中。很多书中都或直接或隐晦地提及博尔赫斯：米歇尔·福柯在其作品《词与物》的前言中提到"一部著名的中国百科全书"（博尔赫斯构想），这部百科全书对动物进行了

1　托马斯·布朗爵士（Sir Thomas Browne, 1605—1682），英国作家，对医学、宗教、科学和神秘学都有研究贡献。

2　劳伦斯·斯特恩（Laurence Sterne, 1713—1768），十八世纪英国最伟大的小说家之一。

几种颇令人讶异的分类,比如"属于皇帝的动物"和"远看像苍蝇的动物";翁贝托·埃柯《玫瑰的名字》中的人物,同时也是杀人凶手的修道院图书馆盲人管理员豪尔赫·德·布尔戈斯;乔治·斯坦纳(George Steiner)关于翻译的经典之作《巴别塔之后》(*After Babel*)中对博尔赫斯在1932年撰写的文章《〈一千零一夜〉的译者们》的高度赞赏;让-吕克·戈达尔的电影《阿尔法城》中垂死机器发出的"新时间反驳"中的最后一句话;尼古拉斯·罗伊格和唐纳德·卡梅尔颇具争议、曾遭禁的电影《迷幻演出》(*Performance*)中拥趸博尔赫斯的一派和米克·贾格尔两伙人在电影高潮的场景;尼古拉斯·兰金《聚魂棺》(*Dead Man's Chest*)中与这位智者老人在布宜诺斯艾利斯的相逢以及布鲁斯·查特文(Bruce Chatwin)的小说《巴塔哥尼亚高原上》(*In Patagonia*)中的相遇;等等。在生命的最后几年,博尔赫斯尝试写一篇名为《莎士比亚的记忆》的短篇小说(尽管最终出版,但博尔赫斯称这部作品并没有达到自己原本的期望),讲述了一个人接受了莎士比亚记忆的故事。从福柯和斯坦纳到戈达尔和埃柯，或是众多无名的读者，我们都继承了博尔赫斯庞大浩瀚的文学回忆。

博尔赫斯记得所有，手里不需要拿着书就能清楚地记得自己写下的一切：尽管他总说这些作品属于被遗忘的过去，却能背诵出创作的每一篇文章，常常让听者既诧异又惊喜。对于博尔赫斯来说，遗忘是经常会出现的一种愿望，可能是因为他知道这是不可能的；记忆的缺口只不过是遗忘的一种假象。博尔赫斯常对一位记者说自己已不记得早期的作品了；记者为了讨他欢心就引用几行诗句，但有时也会记错。这时，博尔赫斯就会耐心纠正，然后一直背诵到诗的结尾。他曾创作过一篇短篇小说《博闻强记的富内斯》并表示这是对"失眠的漫长隐喻"，也是对自己不可遏制的记忆的隐喻。"先生，我的记忆，"富内斯对叙述者说，"就像一个垃圾场。"这个"垃圾场"让富内斯能够将已经不再使用的诗句和最耳熟能详的文章联系在一起，也能让他因为一个单词的韵律或一篇文章的音乐性就能享受几页的阅读。由于他的记忆太过庞大,所有的阅读对他而言都变成了重读。他的嘴唇动了动,念叨着阅读的词语,重复着很久前便看过的句子。他记得最早的探戈的词,记得很久前已离世的诗人写下的令人难以忍受的诗句,记得小说和故事中的对话片段和描写,以及谜语、文字游戏和双关语,用英语、德语和西班牙语分别写成的最长的诗,也有葡萄牙语和意大利语写成的诗,妙语连珠的描写和笑话以及幽默的诗句,有关北欧传说的诗歌,关于熟人的流言蜚语或是维吉尔的选段。他说他很羡慕像德·昆西那样具有创造力的记忆,他可以将一首关于西伯利亚鞑靼人的俄文诗歌的德文译本变成七十页"令人难忘"的精彩文字,或者像安德鲁·莱恩(Andrew Lane)一样,在重新讲述《一千零一夜》中阿拉丁的故事时,清楚地记得阿拉丁的坏叔叔为了听清地球另一头的敌人的脚步而将耳朵紧贴地面——一个连原作作者都未曾想到的小插曲。

有时，当记忆袭来，他就会和我讲起故事来，与其说是与我分享，不如说他更享受这种自娱自乐，以此消遣。他从故事开始讲起，到最后总能生发出思考。谈到老布宜诺斯艾利斯流氓称为"勇气崇拜"的信条，博尔赫斯想到了一个叫"索托"的地痞流氓，专门欺负人。索托有次听到酒馆老板说结账时发现有另一个人的姓氏也是索托，是个驯狮师，是来这里进行表演的巡回马戏团成员。索托来到酒馆，质问正在喝酒的驯狮师姓名。"索托。"驯狮师答道。"这里只有一个索托，就是我，"地痞说道，"提上刀，出来。"受到惊吓的驯狮师不得不出去，因为这无人知晓的信条而被捅死。"这个片段,"博尔赫斯对我说道,"我把它拿来用作《南方》的结尾。"

如果说博尔赫斯有偏爱的文学体裁(尽管他并不认同"文学体裁"这种说法),那么一定是史诗。他热爱盎格鲁-撒克逊的传奇故事,热爱荷马史诗,热爱黑帮电影和好莱坞西部影片,热爱梅尔维尔以及布宜诺斯艾利斯黑社会的奇闻轶事,在这些史诗中他找到了同样的主题:勇气和决斗。对于博尔赫斯而言,史诗的主题和爱、幸福与不幸一样,是一种原始需求。"一切文学都是从史诗开始的,"他常说,"而不是从抒情诗开始。"他引用《奥德赛》作为例证,"众神为人类创造逆境,就是为了让后代有故事可以讲述。"史诗让他的眼中饱含热泪。

博尔赫斯很喜欢德语。十七岁在瑞士时便开始自学,在第一次世界大战实施宵禁的漫长夜晚,海涅的诗便成了他的精神港湾。"一旦你知道了 Nachtigall,

Liebe 和 Herz[1] 的意思，就可以不借助字典来阅读海涅了。"他说道。他喜欢德语丰富的可能性，喜欢创造新词语，就像歌德创造了"Nebelglanz"（意为"雾气的微光"）一样。他总能让词语在诗句中产生共鸣："你静静地将你的雾光，又一次洒满丛林和山谷。"[2] 他赞颂德语的透明度，也批判海德格尔发明了一种令他"难以理解的德语方言"。

博尔赫斯钟爱侦探小说，并在其中发现了完美的叙事结构，能够让创作虚构故事的作者可以在一定的疆界内尽情发挥，并且专注于文字和图像的呈现。他很喜欢能够揭露真相的细节描写。有一次我们一起阅读歇洛克·福尔摩斯的故事《红发会》时，博尔赫斯评论说，侦探小说比任何其他类型的文学作品都更贴近亚里士多德对文学作品这一概念的界定。在博尔赫斯看来，亚里士多德认为一首关于赫丘利丰功伟绩的诗歌是永远无

1　这三个词的含义分别为"夜莺""爱"和"心"。
2　德语原文为："Füllest wider Bursch und Thal still Nebelglanz..."

法拥有《伊利亚特》或《奥德赛》中存在的统一的,因为唯一统一[1]的要素是英雄独自完成各种任务,而在侦探小说中,这种统一就存在于故事的神秘之中。

剧情片对于博尔赫斯来说并不陌生,在看西部片和黑帮电影时,他也会流下眼泪。在电影《污脸天使》(*Angels With Dirty Faces*)的结尾,当詹姆斯·卡格尼同意被带到电椅行刑时会表现得像个懦夫,以便让那些崇拜他的人不再仰慕他时,博尔赫斯暗自啜泣。面对着广阔无垠的潘帕斯草原(博尔赫斯认为潘帕斯草原的视野对阿根廷人的影响就像大海的视野对英国人的影响),泪水滚落到他的脸颊上,他喃喃道:"啊,祖国!"当读到描写皇家的船桅发出瑟瑟声响、挪威水手对国王说出"这是挪威在您的手下翻滚,陛下"(博尔赫斯说,这是朗费

---

1 "统一"与"三一律"是意大利亚里士多德学派批评家所发展的,在古典主义时代成为所有戏剧的准则。其中,时间的统一体现在情节内容不超过12小时(或24小时),而地点的统一则体现在维度不超过一间(或一栋)房子(或一个小镇)。

罗[1]创作的一首诗中的一句,后来吉卜林在《世间最美丽的故事》中也曾使用过)的诗句时,博尔赫斯屏住了呼吸。有一次,在塞缪尔·约翰逊[2]博士出生的利奇菲尔德附近一座破旧的撒克逊教堂,博尔赫斯用古英语诵读主祷文,准备"给上帝一个惊喜",却因曼努埃尔·佩鲁[3]写下的几行段落而哭泣,因为提到了离他的出生地很近的尼加拉瓜大街。他很喜欢诵读鲁本·达里奥(Rubén Darío)的四句诗,

> 在荡着回音的湖里泛舟
>
> 在那里梦境等待着失落的人
>
> 在那里有条金色的小船
>
> 等待着路德维希的新娘

---

1 亨利·沃兹沃斯·朗费罗(Henry Wadsworth Longfellow, 1807—1882),美国诗人、翻译家。

2 塞缪尔·约翰逊 (Samuel Johnson, 1709—1784),英国文评家、诗人、散文家、传记家。

3 曼努埃尔·佩鲁 (Manuel Peyrou, 1902—1974),阿根廷作家兼记者。

不仅是因为真实存在的爱人和已不再使用的贡多拉船，诗句的节奏更是让他爱不释手。博尔赫斯多次直言自己是个多愁善感的人。

但有时，博尔赫斯也会非常残忍。有一次，我们在博尔赫斯的家里，一位我不愿提及姓名的作家为他读了一篇专为纪念他而写的故事，讲的是暴徒和地痞流氓的轶事，作家本以为博尔赫斯会很喜欢。博尔赫斯准备好听故事：他把手放在拐杖上，嘴唇轻微张开，眼睛微微向上看，对于他不熟悉的人来说，这是很有礼貌、很温和的状态。故事发生在一家满是恶棍暴徒的小酒馆。街区的警察因勇敢而闻名，他手无寸铁，但凭着发号施令的权威就能让这些恶棍放下武器。这位作家对自己的文风非常得意，开始列举起来："一把匕首，两支手枪，一根皮革警棍……"博尔赫斯用他那永远单调沉闷的嗓音继续说道："三支步枪，两个火箭筒，一架小型俄罗斯大炮，五把弯刀，两把大砍刀，一把气枪……"作家尴尬地勉强挤出一丝苦笑。但博尔赫斯毫不留情地继续说道："三个弹弓，一块砖头，一弯弩，五把长柄斧头，一辆冲车……"听罢，那位作家起身和我们道晚安，之后我们再也没有见过他。

有时，他也会厌倦人们为他阅读，对书籍和面对零星访客几乎一成不变、不断重复的文学会谈感到疲惫不堪。因而他喜欢想象一个不需要书籍的世界，因为所有人都能阅读所有书、所有故事和所有诗句。在这个世界里（有天他定会写篇名为《一个疲倦者的乌托邦》的文章来描绘这个世界），每个人都是艺术家，因此艺术不再是必需；艺术画廊、书店和博物馆也都不复存在；万物一切都神奇般地没有了名字，没有一本书是失败的，也没有一本书是成功的。他同意齐奥朗[1]的看法，在一篇关于这位哲人的文章里，博尔赫斯感叹他"被当作诗人是一种不幸，理应得到更好的待遇"。

我们在中学时代研读过博尔赫斯。尽管在六十年代，博尔赫斯尚未像晚年那样享有如此高的国际知名度，但依然被奉为阿根廷的"经典"。教授文学的老师们会认真研读博尔赫斯虚构作品中蕴藏的迷宫及其诗歌的精准。分析博尔赫斯作品中的语法特点是一项非常令人着迷的练习（老师会让我们阅读博尔赫斯故事中的段落，再进行句法分析）。我从未如此亲近他创作的文本，探索他是如何发挥语言的想象力的。我们逐字逐句地剖析，感受着这种写作方式的简洁与精准，体会着动词和名词如何有机地彼此协调，这些词语又是如何构建成一个个完整的句子。博尔赫斯对形容词和副词的使用随着时间而愈发节制，却能源源不断地为词语创造出

1　齐奥朗（Emil Michel Cioran, 1911—1995），罗马尼亚旅法哲学家，二十世纪怀疑论、虚无主义重要思想家。

新的含义。比起语言的创新,这些新含义的准确性常常让读者颇为惊喜。《环形废墟》(阿莱杭德娜·皮扎尼克[1]能够将这篇故事像诗歌一样背诵下来)开篇的长句,通过名词的重复和几个令人讶异的修饰语,就营造出了一种氛围,奠定了一种基调,呈现出一种梦境般的现实:

> 在那伸手不见五指的漆黑夜晚,谁也没有看到他上岸,谁也没有看到那条竹子编扎的小划子沉入神圣的沼泽。但几天后,谁都知道这个沉默寡言的人来自南方,他的家乡是河上游无数村落中的一个,坐落在山那边的蛮荒里,那里的古波斯语还未受到希腊语的影响,麻风病也不常见。[2]

借由全知全能般存在的"谁"交代了故事的地理空间;"夜晚""神圣"以及"漆黑"营造出了一种黑压压的幽

1　阿莱杭德娜·皮扎尼克 (Alejandra Pizarnik, 1936—1972),阿根廷女诗人,曾获布宜诺斯艾利斯市年度诗歌奖一等奖(博尔赫斯获得过二等奖)。

2　此处译文和注释参考王永年、陈泉译本(《博尔赫斯全集·小说卷》,浙江文艺出版社,1999 年)。

暗感,给人一种极度恐怖的感觉;"南方"的出现则用"蛮荒"("贫瘠"之意)的山头和两个未明确提及的要素引出:如污染物般的希腊语和一种典型的疾病。在我充满书本和阅读的青少年时代,不足为奇,看到这些短语和句子都会很容易睡着。

博尔赫斯确实为西班牙语带来了革新。一方面,他的阅读方法非常广泛,这让他能够将其他语言的特点融入西班牙语:比如英语有习语惯用语的变化,而德语则能够将句子的核心一直保持到句末。无论是在写作还是在翻译时,博尔赫斯都能用自己超常的知识对文本进行一些改写或加工。比如,当他和比奥伊·卡萨雷斯一起尝试《麦克白》的新译却始终无法统一意见时,博尔赫斯提议将女巫的开篇名言:

When shall we three meet again

In thunder, lightening or in rain?

何时姊妹再相逢，

雷电轰轰雨蒙蒙[1]？

译为

Cuando el fulgor del trueno otra vez

seremos una sola cosa las tres

当雷霆之光再现

我们三人将同体于一[2]。

"如果打算翻译莎士比亚，"他说道，"就应像莎翁自由创作一样自由地进行翻译。这样我们才能创造出三个恶魔般的女巫组成的三人帮。"

自十七世纪开始，西班牙的作家们都在两个语言的

1 　此处为朱生豪译本。

2 　若逐字翻译为西语，应为 "¿Cuándo volveremos a vernos las tres, / en medio de los truenos, de los rayos o de la lluvia?"（原文注）。但此处博尔赫斯未按字对字进行翻译，而是加以诠释并进行再创作。（译者注）

极端徘徊：贡戈拉[1]的巴洛克风格和克维多[2]的格言派风格。与此同时，博尔赫斯则开创了多维度、新含义的丰富词汇和简洁明了的创作风格（他晚年曾这样说）。青年时期的吉卜林在《来自丘陵的平原故事》中就开始使用这种风格，博尔赫斯也一直很想尝试进行模仿。事实上，二十世纪以西班牙语进行创作的所有伟大作家都从博尔赫斯身上汲取了养分，从加夫列尔·加西亚·马尔克斯到胡利奥·科塔萨尔[3]，从卡洛斯·富恩特斯[4]到塞沃罗·萨都伊[5]。博尔赫斯的文学之音也在年轻一代的作家中产生了颇具影响力的共振，以至迷茫的马努埃

1　贡戈拉·伊·阿尔克特 (Luis de Góngora y Argote, 1561—1627)，西班牙诗人，后成为神父。

2　弗朗西斯科·德·克维多 (Francisco Gómez de Quevedo y Santibáñez Villegas, 1580—1645)，西班牙贵族政治家，也是巴洛克时期的著名作家，与贡戈拉是终生对头。

3　胡利奥·科塔萨尔 (Julio Cortázar, 1914—1984)，阿根廷作家、学者，拉丁美洲"文学爆炸"时期的代表人物之一。

4　卡洛斯·富恩特斯·马西亚斯 (Carlos Fuentes Macías, 1928—2012)，墨西哥作家，是西班牙语世界最著名的散文家及小说家之一，拉美"文学爆炸"时期的代表作家。

5　塞沃罗·萨都伊 (Severo Sarduy, 1937—1993)，古巴诗人、作家、剧作家和古巴文学艺术评论家，被迫走向流亡的"文学爆炸"后作家。

尔·穆希卡·莱恩斯[1]写下了如此诗句：

致一位青年作家

构思创新的想法

对你毫无用处

因为即使你写大海

博尔赫斯也已写过

博尔赫斯在三十岁时就已窥探洞悉一切。即使是晚年频繁接触的盎格鲁-撒克逊传奇，他也早在1932年撰写的《双词技巧》[2]中对这个遥远的文学领域有过探索了。在文章中，博尔赫斯对隐喻的人为性和效果进行了思考。对于这个从年轻时起就感兴趣的主题，博尔赫斯用几十年的时间不断提炼、沉淀、阐释、再阐释。

1　马努埃尔·穆希卡·莱恩斯（Manuel Mujica Láinez, 1910—1984），阿根廷小说家、散文家和艺术评论家。
2　原文为"Las Kenningar"，收录在《永恒史》中，这种双词技巧是一种在单数名词使用的多重名词句型。双词技巧在古德文韵文当中被普遍使用，特别是在吟唱诗人的作品中更为常见，在冰岛文学中较为罕见。

博尔赫斯的语言运用（以及他阐述语言的风格）主要来自他的阅读和翻译，比如将切斯特顿和施沃普的作品译成西班牙语。但有些语言也来自日常聊天、咖啡桌上的漫话或者朋友间的聚餐，用幽默诙谐又充满天真的态度探讨着人类永恒的伟大命题。博尔赫斯无法忍受愚蠢。有一日，他遇到了一位很平庸无趣的大学教授，之后便说："我宁愿和一个聪明的流氓交谈。"他对谬论（Paradoja）、充满哲思的表达，以及优雅的复杂句子有种与生俱来的特殊天赋，就像他会警告自己五六岁的侄子："如果你表现好，就可以去想象一只熊。"

在阿根廷，人们似乎与生俱来就很会交谈，也能赋予词语饱满的生命力。关于一杯咖啡的哲学讨论在其他国度和社会可能会被认为是自命不凡或无聊至极，但在阿根廷则不然。博尔赫斯很喜欢交谈，用餐时通常会选择一道他称为"简朴菜肴"的食物，就是用米饭或通心粉配上黄油和奶酪，好让交谈不会受到用餐的影响。青少年时期的博尔赫斯结识了一位作家,也是他父亲的朋友。这位作家用自己的思考重新发现了柏拉图和其他哲学家的主张。而博尔赫斯对此并不意外,认为发生在这位作家身上的事也可能发生在其他任何人身上。马塞多尼奥·费尔南德斯[1]很少写作,也很少阅读,却善于思考和言谈。对于博尔赫斯而言,马塞多尼奥是纯粹思想的化身:他常常在咖啡馆的长谈中提出许多疑问和思考,也会尝试去解答关于时间和空间、梦境和现实的古老哲学命题,而这些问题也是博尔赫斯之后会在作品中继续探讨的话题。

马塞多尼奥有着苏格拉底般的谦卑,常会和听者分享自己的独特想法。他常说:"您可能已经注意到了,博尔赫斯……"或是说:"想必您注意到了……"用这样的方式来吸引博尔赫斯或其他听者的注意,然后分享自己

---

1 马塞多尼奥·费尔南德斯 (Macedonio Fernández, 1874—1952),阿根廷作家、幽默家和哲学家。创作涉及小说、故事、诗歌、新闻及不易分类的作品,对博尔赫斯和其他前卫阿根廷作家产生了重要影响。

的发现。马塞多尼奥拥有非常细腻的荒谬感和辛辣的幽默感。有一次，为了摆脱一位滔滔不绝又杂绪无章地讲述维克多·雨果的狂热人士，他竟喊道："维克多·雨果，朋友呀，那个让人无法忍受的加利西亚人，读者都走了，他还在不停地讲。"还有一次，当被问及是否有很多人出席了某个不太重要的文化活动时，马塞多尼奥说，"没去的人太多了，如果再少一个就不够地方了……"（这句话的出处有争议……据博尔赫斯多年后的说法，这话本来是他的表兄弟吉列尔莫·胡安·博尔赫斯受马塞多尼奥的"启发"想出来的）。在博尔赫斯看来，马塞多尼奥就是典型的布宜诺斯艾利斯人。

从早期的作品之一、充满巴洛克风格的《埃瓦里斯托·卡列戈》，到文风洗练的短篇小说《死亡与指南针》和《死亡》，或是之后篇幅更长的寓言故事《代表大会》，博尔赫斯笔下的布宜诺斯艾利斯总是充满律动的节奏和传奇的故事，这也形成了如今的布市风貌。当博尔赫斯开始写作时，人们认为布宜诺斯艾利斯（离普遍认为的文化中心欧洲如此遥远）的形象是那么模糊，毫无特点，需要借助文学的想象力来颠覆现实。博尔赫斯回忆说，当如今已被人们遗忘的阿纳托尔·法朗士[1]在二十世纪二十年代到访阿根廷时，那时的布宜诺斯艾利斯似乎"更加真实"，因为阿纳托尔·法朗士知道它的存在。而今，如果说布宜诺斯艾利斯看起来更真实，那是因为它存在于博尔赫斯的文字中。他向读者们呈现的布宜诺斯艾利斯源自巴勒莫区附近，博尔赫斯的家就在那里。他创作的故事和诗歌就是在花园的铁栅中发生的，并以此为背景想象出了为非作歹的恶人；他们粗鄙的行迹让我们联想到《伊利亚特》中的桥段和维京人的古老故事。

从童年开始，老虎对于博尔赫斯而言就是充满象征性的野兽。"真是遗憾，没能生下来就是头老虎。"有天下午我们一起读吉卜林的故事，看到老虎的幽灵出现

1　阿纳托尔·法朗士（Anatole France, 1844—1924），法国小说家，1921年诺贝尔文学奖获得者。

时,博尔赫斯如是说道。他的母亲记得那时的博尔赫斯三四岁的样子,回家的时候她都会大叫着把他从老虎笼子边拉过来;她保存的博尔赫斯最早的涂鸦之一,就是在笔记本的正反面上用蜡笔画的条纹老虎。不久后,博尔赫斯在布宜诺斯艾利斯动物园看到美洲虎,受它的斑点启发构想出了一个在兽皮上完成的书写体系:《神的文字》就此诞生。提到老虎,博尔赫斯总是重复着他的妹妹诺拉在他们儿时说过的一句话:"老虎似乎是为爱而被创造的。"在他去世前的几个月,一位富有的阿根廷牧场主邀请博尔赫斯到他的农场,并向他许诺"一个惊喜"。博尔赫斯坐在露天长凳上,突然感到一股来自庞大躯体的热量向他袭来,强劲有力的爪子抵在他的肩膀上。一只家养的老虎用这样的方式向它的梦想家致敬。博尔赫斯并不害怕。只是老虎喘息的热气夹杂着生肉的味道,令他有些困扰。"我忘记了老虎是食肉动物。"他说。

我们搭出租车到比奥伊和西尔维娜[1]的住所,他们住在一个很宽敞的公寓,在家中可以观赏到公园的景色。几十年来,每周博尔赫斯会在这里度过几个下午的时光。这里的伙食很糟糕(水煮蔬菜,甜品就是几汤匙的甜牛奶),但博尔赫斯也并未察觉。今天晚上,比奥伊、西尔维娜·奥坎波和博尔赫斯分别讲述了他们做的梦。西尔维娜用严肃冷酷的声音说,她梦见自己溺水,但这并不是一场噩梦:她既没有痛苦,也不感到害怕,只

1　西尔维娜·奥坎波(Silvina Ocampo, 1903—1993),阿根廷诗人和短篇小说作家。

是感到自己正在溶解，变成了水。之后，比奥伊说，在梦中他面对着几扇门。人们在梦中会拥有某种直觉，而正是这种对直觉的确定让比奥伊觉得穿过右边的门，他会进入一场噩梦；于是他决定穿过左边的门，没有发生任何状况。博尔赫斯说，比奥伊和西尔维娜的梦境在某些方面是一致的，因为两人都成功地避免了一场噩梦，只不过一人选择向它投降，另一人则选择拒绝进入。然后，博尔赫斯讲述了波爱修斯[1]在五世纪时描述的一个梦境。梦中的波爱修斯去参加赛马，他看到马、起跑线以及赛马过程不同的或连续的阶段，直到一匹马越过终点线。之后波爱修斯看到了另一个做梦的人，这个人观察他、观察马匹、观察赛道，一系列动作同时在一瞬间进行。对于那个做梦的人，也就是上帝，赛马的结果取决于骑手，但这个结果上帝早已知晓。博尔赫斯说，对于上帝而言，西尔维娜的梦既是愉快的欢梦，同时又是噩梦；而在比奥伊的梦中，梦境的主体本会同时跨越两扇

1　波爱修斯（Ancio Manlio Torcuato Severino Boethius，477—524），六世纪早期罗马哲学家。

门。"对于上帝这个巨人般的梦想家而言,所有梦境都等同于永恒,每个梦境和每个做梦的人都被包含其中。"

博尔赫斯是在1930年认识比奥伊的,当时博尔赫斯三十一岁,维多利亚·奥坎波[1]向腼腆的他介绍了这位前途无量的十七岁少年。博尔赫斯说,他们两人的友情后来发展成他生命中最重要的关系,比奥伊不仅是他的精神伴侣,也对心理学和文学中的社会琐事感兴趣,与博尔赫斯对纯粹想象的喜爱十分契合。博尔赫斯的文字充满讽刺和不言而喻;比奥伊则擅长利用具有欺骗性的单纯引导读者相信人物的意图就是某种情况的真实反映,而事实上这些却是对现实的背叛或忽视。博尔赫斯在《特隆、乌克巴尔、奥比斯·特蒂乌斯》的开篇便掌握了比奥伊的这种写作方法,而比奥伊也成为故事中的人物之一:"那晚,我和比奥伊·卡萨雷斯一起吃晚餐,席间我们探讨了一个很有争议的话题,小说中的第一人

1　维多利亚·奥坎波 (Victoria Ocampo, 1890—1979),阿根廷作家和知识分子,文学杂志《南方》的出版人,是当时最杰出的南美女性之一。

称叙述者会忽略或误读各种矛盾,让少数读者——确切说是极少数读者——来猜测发生的是一件可怕还是平淡的事。""我想写一个有梦境特点的故事,"博尔赫斯说道,"我尝试过很多次,但也不确定是否写成过。"

博尔赫斯是一个充满激情的梦想家,他很喜欢讲述自己的梦境。在梦境中,在梦的"无限疆界"里,他觉得自己可以超越思想和恐惧的极限,并且能够在完全自由的情况下发展自己的故事情节。他特别喜欢睡着之前的那几分钟,介乎清醒和进入睡眠状态之间,正如他所说,能够"意识到自己正在失去意识"。"我会自言自语些无意义的话,看到新的地方,让自己顺着梦境的斜坡下滑。"有时一个梦境就会为他的创作带来启发或者留下线索,比如《莎士比亚的记忆》,这篇故事的开头就来自博尔赫斯在一个梦境中听到的话:"我向您出售莎士比亚的记忆。"《环形废墟》(故事讲述了一个男子梦到另一个人,到后来发现自己也存在于别人的梦中)则以另一个梦境开始,这让他足足兴奋了一个星期:在某个时

刻——博尔赫斯说道——他觉得终于找到"灵感"了,而不是有意识地思考写作。(故事的情节或梦境可能受到《埃涅阿斯纪》的启发,因为来到"满是死人"世界的埃涅阿斯,毫无疑问和来到环形废墟泥沼的梦想家并无二致)。

在博尔赫斯的一生中,有两个噩梦始终萦绕他的生活,那就是镜子和迷宫。儿时的他在一个雕刻着"世界七大奇迹"的铜版画中发现了迷宫,这激发了他对这种"没有门的房子"的恐惧,而在房子的中间则是一个怪物在等待着他;镜子也让博尔赫斯非常恐慌,因为他害怕有天镜子里出现的面孔不是他自己的样子,而更糟的是,谁的样子都不是。埃克托·比安西奥蒂回忆起博尔赫斯在去世前不久就已患病,那时的他住在日内瓦,拜托前来看望他的玛格丽特·尤瑟纳尔[1]前去他们一家以

<hr />

1 玛格丽特·尤瑟纳尔(Marguerite Yourcenar, 1903—1987),法国著名作家、散文家和诗人,二十世纪最杰出的小说家之一,法兰西学院成立三百多年来第一位女院士,代表作《哈德良回忆录》《苦炼》等。

前在瑞士的寓所，回来向自己描述那里的现状。玛格丽特去了那里，回来向博尔赫斯讲述时故意隐瞒了一个细节，那就是现在跨过门槛时，会有一面镶着金色框架的大镜子对着每一位来访者，能够把人从头到脚全部照出来。玛格丽特·尤瑟纳尔没有告诉博尔赫斯，怕他陷入恐惧之中。

毫无疑问，博尔赫斯知道比奥伊是自己永远无法成为的众多人中的一个。两人一起分享精神上的愉悦，但与博尔赫斯不同，比奥伊仪表堂堂，年轻，充满活力又酷爱运动。博尔赫斯写道："我曾当过许许多多不同的人，只是从未有过让马蒂尔德·乌尔巴赫死在自己怀中的幸运。"也许在写下这诗句之时，博尔赫斯想到的是充满魅力的比奥伊。比奥伊从不避讳，总是直言女性是他最大的激情所在（如果说在他的日记里有些特定的主题，那么一定是关于女性的，而不是书籍）。而对博尔赫斯来说，对爱情的感知来自文学：来自莎士比亚笔下安东尼奥的台词，来自吉卜林《没有神职人员的特典》中士兵的诉说，来自史文朋[1]和恩里克·班奇斯的诗歌。而对于比奥伊来说，对爱情的理解则像是昆虫学家们的每日观察和练习。他常常引用维克多·雨果的话，"爱就是行动"，但又会立马补充说这是该对女人隐瞒的真相。比奥伊热爱法国和法兰西文学，就像博尔赫斯钟爱英国和盎格鲁-撒克逊文学一样。两人虽然喜好不同，却不会因此产生分歧或不合，反倒促成了两人思想的交流，催生了无数的交谈探讨。看着他们俩在比奥伊寓所后面的某个房间中一起工作，让我联想到准备炼人偶的炼金术士：两人合作完成的作品结合了他们各自的特点，但又不像其中的任何一个人。于是一种新的风格诞生了，既不似比奥伊的辛辣讽刺，也不似博尔赫斯的思辨和逻辑，他们一起构想出了 H.布斯托斯·多美克的诙谐故事和散文。布斯托斯·多美克是一个用天真率性来观察社会荒谬的阿根廷文人，特别喜欢阿根廷语言中随

1　阿格农·史文朋（Algernon Charles Swinburne, 1837—1909），英国诗人、剧作家、小说家和评论家，同时为著名的第十一版《大英百科全书》做出了贡献。

性、独特又不讨喜的表达。比如,有一篇故事的题记中只有引文的出处:"《以赛亚书》6:5"。好奇(或博学)的读者一定会去查询来源,而引文的开篇是这样写的:"祸哉,我灭亡了。因为我是嘴唇不洁的人,又住在嘴唇不洁的民中。"比奥伊和博尔赫斯一起分享从"嘴唇不洁"的人那里听来的所有故事,然后两个人捧腹大笑。

博尔赫斯与西尔维娜的关系则不太一样。晚饭时间,博尔赫斯和比奥伊一起回想、改编或是创作各类琳琅满目的文学轶事,背诵写得最好和最差的文学作品段落,常常没过一会儿两个人就大笑起来。而只有在极少数情况下,西尔维娜才会加入他们的对话。尽管她曾与博尔赫斯和比奥伊合编过一本有关幻想文学的重要文集,也与比奥伊共同创作了侦探小说《相爱之人彼此憎恨》,西尔维娜的文学笔触却和两人截然不同,更加接近超现实主义的黑色幽默,而博尔赫斯对超现实主义则没有一点好感。博尔赫斯喜欢塑造寻衅惹事的恶棍形象,但有意思的是,他却认为西尔维娜的故事太过残忍。西尔维娜是诗人、剧作家，也是画家，但她充满讥讽又看似简单的短篇小说更为人称道。这些作品大多属于幻想小说，但西尔维娜在创作时非常注意真实日常生活中的细节。伊塔洛·卡尔维诺为她作品的意大利语版本作序，称没见过"有其他哪位作家能够如此精准地抓住日常生活的魔力所在，就像是被镜子隐藏起的我们的阴暗面"。

　　一天下午，比奥伊和博尔赫斯在紧里面的一个房间中工作，不时能听到从房内传出两个人的笑声。西尔维娜取出一本《阿利西亚》，用充满节奏感又带着阴郁的声音读了几段她喜欢的段落。突然，在读到《海马与木匠》的时候，她提议我们二人共同创作一部幻想侦探小说。她已经为小说想好了一个完美标题，就叫《一件令人沮丧的事》，以英文版同名作品中不善言辞之人的争论为基础进行创作。事实上，除构思了一桩令人毛骨悚然的杀人案外，创作的想法再无更多进展，但引发了一系列的思考和争论：比如艾米莉·狄金森[1]的幽默，侦探小说对卡夫卡作品产生的影响，以及翻译是否可以让文学更加现代化，还有关于安德鲁·马维尔[2]只创作了一首好诗的探讨。西尔维娜的绘画老师乔治·德·基里科[3]曾给她的建议：画家永远不该展示自己的画笔；以及聂鲁达那首很糟糕的爱情诗的开篇，"你戴着灰色的贝雷帽……""贝雷帽，贝雷帽"，西尔维娜一直在重复。然后她用很严肃又有些颤抖的声音问道："你喜欢这个词吗？"在谈话中，她的声音始终充满节奏感，即使听她讲几个小时，依然会被这种节奏感深深吸引。因为觉得自己长相丑陋，西尔维娜常常将自己的脸隐藏在暗中，用茶色眼镜来遮盖双眼；但她喜欢展示自己美丽的双腿，会不时抬起腿，翘起再放下来。

1　艾米莉·狄金森（Emily Elizabeth Dickinson, 1830—1886），美国诗人，诗风凝练，比喻尖新，常置格律以至语法于不顾。

2　安德鲁·马维尔（Andrew Marvel, 1621—1678），英国形而上学诗人、讽刺作家和政治家。

3　乔治·德·基里科（Giorgio de Chirico, 1888—1978），意大利形而上派绘画大师。

博尔赫斯从未见过像西尔维娜这般聪慧的人：她的兴趣和写作却与博尔赫斯的相去甚远。西尔维娜的诗有些像艾米莉·狄金森，也有些像比埃尔·德·龙沙[1]，但诗歌的主题完全是属于她自己的风格：她所热爱的不完美的国家、城市的花园以及那些或困惑或不幸的微小时刻。她的画作主要是肖像画，有着德·基里科的颜色和平面结构，但她的创作和原画有着很奇特甚至怪异的差别，揭示了一些或为禁忌或充满不详的事物。她的故事常常描述日常生活中的奇闻逸事：一个垂死的女人突然仔细回顾起生活中的所有物品，意识到这些东西构成了她的私人地狱；一个女孩在自己的生日聚会上邀请了化身为七个小女孩的致命七宗罪；一个被遗弃在酒店数小时的婴儿为了报复一个女人而变成了一个无意识的工具；两个学生彼此交换了命运，却终究无法摆脱宿命。在她的大多数小说中，主人公都是儿童或动物，因为在西尔维娜看来，他们的情感超越了理性。她很喜欢狗，

1　比埃尔·德·龙沙（Pierre de Ronsard, 1524—1585），法国诗人，是法国最早用本民族的语言而不是用拉丁文写诗的桂冠诗人。

在她的宠物狗死后,博尔赫斯发现她在哭泣便试着去安慰她,跟她说狗依然还在,只是像柏拉图式的狗那般存在,超越了所有的狗,而每一条狗也都会成为她的那条狗。西尔维娜听罢却很生气,对博尔赫斯愤愤地说柏拉图式的狗她怎么带着到处走。

在生命的最后(她于1993年去世,享年八十八岁),西尔维娜患上了阿尔茨海默氏症,常常在她的大公寓中漫步,却谁也不认得,也不知自己在哪里。有一天,她的一位朋友看到她在读一本故事书。她很兴奋地看着她的朋友(她当然认不出是谁,但那时她已经习惯陌生人的出现),告诉他自己想为他阅读刚刚发现的美妙故事。那本是她早年创作的作品,也是最著名的作品之一:《伊莱娜的自传》。这位朋友告诉她,是的,这是一部杰出的作品。

博尔赫斯不总提自己和熟识作家们的私交,但有时会称自己是他们的读者,仿佛比起日常的生活,这些作家更存在于他的书籍世界里。甚至在友谊关系中,读者的角色也是最重要的——是读者,而非作家。在博尔赫斯看来,读者夺取了作家的使命。"如果不知道诗人的想法和意图,就无法知道这诗人是好是坏。"我们沿着佛罗里达大街一起散步时他这样对我说,讲到需要停下来的时候我们就会驻足片刻。人群匆匆忙忙走过,许多人都认出了这位失明的老人。"而如果无法理解一首诗,也就无法揣测诗的意图。"然后他引用了高乃依的一句话，虽然博尔赫斯并不喜欢他，但还是称赞他笔下优美的矛盾修辞："那从星辰坠落的黑暗之光。""好吧，"他说，"现在有点像是高乃依了。"然后他又笑起来，我们沿着路继续走。无论是高乃依还是莎士比亚，抑或是荷马还是黑斯廷斯战役的士兵，对于博尔赫斯而言，阅读是一种方式和手段，能让他成为自己深知永远不可能成为的人：果敢热血的人，伟大的情人，骁勇的战士。对他而言，阅读是如泛神论[1]般的一种幸运，不仅博尔赫斯深受其影响，斯宾诺莎也对这个古老的哲学理论充满兴趣。我跟博尔赫斯提起《永生》，在故事里，荷马使用不同的名字生活了几个世纪，无法死亡。博尔赫斯再次停下来对我说："泛神论者想象世界是由一人主宰的，那就是上帝。在这个世界里，上帝会梦见世界上的所有生物，也包括我们。"在这一哲学流派看来，我们都是上帝的梦，而我们却都忽略了它。然后他马上说道："上帝知道他

1　一种将大自然与神等同起来，以强调大自然的至高无上的哲学观点。认为神就存在于自然界一切事物之中，并没有另外的超自然的主宰或精神力量。

微小的一部分此刻正在佛罗里达大街的人群中散步吗？"随即又停下来说："但可能这也不关我们的事，你不觉得吗？"

他的事就是文学。在这个喧闹的世纪，博尔赫斯是如此重要，没有一位作家能像他一样改变我们与文学的联系，尽管也许其他作家在探索我们的内在世界时能够更大胆、更深入。毫无疑问，有些作家能够比博尔赫斯更加有力地记录下社会的苦难和我们的生活；也有些人能够更自如地在我们内心丛林地带冒险。但博尔赫斯从不担心这一切。相反，在漫长的一生中，他为我们勾勒了其他的探索版图，尤其是他自己喜欢的类型——幻想。在博尔赫斯看来，幻想衍生出了其他分支，比如宗教、哲学和高等数学等。博尔赫斯是一位充满激情的神学读者。"我是阿根廷天主教徒的对立面，"他说，"他们是信徒，但对神学并不感兴趣；我很感兴趣，但我并不相信。"他很欣赏圣奥古斯丁对基督教符号的隐喻阐释，"基督的十字架将我们从斯多葛派的环形迷宫中拯救出来。"博尔赫斯补充说道:"但即便如此,我还是更喜欢那个环形迷宫。"

甚至当他在阅读哲学或宗教书籍时,感兴趣的也是文学的声音。在他看来,文学之声应该永远是个人的,而不是国家的,也永远不属于某个团体或理论流派。谈到这些,博尔赫斯常常援引瓦莱里[1]提倡的无日期、无名字、无国籍的文学作品,所有作品都被视为同一种精神的产物,也就是"圣灵"。"在大学里不学习文学,"博尔赫斯感叹道,"而是研究文学史。"

尽管无意为之,博尔赫斯却永远改变了文学的概念,也改变了文学史的概念。在一篇首版发表于1932年的著名文章[2]中,博尔赫斯写道:"每位作家都创造了他自己的先驱者。"这样的论点让我们能够把博尔赫斯和

1　保尔·瓦莱里(Paul Valery, 1871—1945),法国作家、象征派诗人,法兰西学术院院士。

2　即《卡夫卡及其先驱者》,收录在《探讨别集》(1952)。

如今我们觉得带有博氏写作风格的一大串作家的名字联系在一起，但实际上这些作家在博氏开始创作前就已存在：柏拉图、诺瓦利斯[1]、卡夫卡、叔本华、雷米·德·古蒙特[2]、切斯特顿……甚至一些经典作家，他们的创作和主张如今看来都像是阅读博尔赫斯的延伸，就像在皮埃尔·梅纳尔之后阅读塞万提斯一样。对于博尔赫斯的读者而言，甚至连莎士比亚或但丁都明显带有博尔赫斯的影子，比如《一报还一报》中狱吏说的"死在他心目中不算怎么一回事，可是他却是一个彻头彻尾的凡人"；又或是《神曲·炼狱篇》第五首中对波恩康特的描写"当时我在落荒而逃，血染平川"，也像是博尔赫斯的创作。

在《〈吉诃德〉的作者皮埃尔·梅纳尔》中，博尔赫斯说，一本书会根据其读者的特性而发生改变。1939 年 5 月，当这篇文章在《南方》杂志首次发表时，许多读者认

1　诺瓦利斯 (Novalis, 1772—1801)，德国浪漫主义文学的代表人物之一。
2　雷米·德·古蒙特（Rémy de Gourmont, 1858—1915），法国象征主义诗人、小说家、评论家。

为皮埃尔·梅纳尔是真实存在的；一位读者甚至还扬言博尔赫斯对梅纳尔的描写毫无新意，他的观点之前的评论家们都已经说过了。当然，皮埃尔·梅纳尔是一种虚构，一种堪称精彩又狂妄的创作；博尔赫斯所言文本会随读者而变也非意指如此。读者总是会按照自己的想法和愿望去阅读：从麦克弗森[1]虚构的奥西恩[2]让少年维特因诗而流下眼泪，仿佛这些诗句出自古老的凯尔特吟游诗人，到《鲁滨孙漂流记》中的"真实"冒险，让考古爱好者前来胡安·费尔南德斯岛一探究竟；从被当作圣典奉读的《雅歌》，到被随意贴上"儿童文学"标签的《格列佛游记》。

在《皮埃尔·梅纳尔》中，博尔赫斯将这种想法演绎到了极致，并对从字面挖掘线索的读者灌输了作者身份不详的概念。在博尔赫斯之后，在揭示了读者赋予文学

1　詹姆斯·麦克弗森（James Macpherson, 1736—1796），十八世纪苏格兰作家、诗人、文学采集者、政治家，以翻译奥西恩的系列诗歌闻名。

2　奥西恩(Ossian)，一位传说中的史诗叙述者、作家，其诗歌在 1760 年由詹姆斯·麦克弗森出版。麦克弗森声称收集了苏格兰盖尔语中古老的口述材料。

作品生命力和可信度之后，文学便不再仅仅是作者创作出的产物。"作者已死"的概念对于博尔赫斯而言并不是一个充满悲剧的事实，相反他很喜欢这种颠覆和反叛。"试想一下，"他说，"我们可以把《堂吉诃德》当作侦探小说来读。不久以前，有位绅士住在拉·曼却的一个村上，村名我不想提了…… 作者告诉我们，他不想提这个村子的名字。为什么呢？他想要隐藏什么线索？作为一部侦探小说的读者，我们应该保持怀疑，对吧？"他笑了出来。

博尔赫斯的另一个反叛就是认为每本书、任何一本书都涵盖着其他所有书。博尔赫斯坚信只要这种想法可以对最终的结果产生影响，那么将构成无限的文本。每个文本都是字母表中二十四个字母的组合；因此，这些字母的无限组合就构成了一个完整的图书馆，囊括了过去、现在和未来可以想象的全部书籍："未来的详细历史、大天使们的自传、图书馆的真实目录、成千上万的假目录、展示那些虚假目录谬误的证据、展示真目录是虚假的谬误的证据、巴西理得[1]的诺斯替派福音、对福音的评注、对福音评注的评注、你死亡的真相、每本书的所有语言的版本、每本书与所有书交织的关系、英国历史学家比德可以撰写（而没有撰写）的有关撒克逊的论文以及罗马历史学家塔西佗佚矢的书籍。"这种无限可以在1939 年首次发表的《通天塔图书馆》中找到。

反之亦然。无限的图书馆可能是多余的（就像故事中的一个脚注所言，之后的两篇短篇小说《翁德尔》和《沙之书》中也体现了这种思想），因为一本书、一个词语就可以包含其他所有。这就是博尔赫斯在 1941 年创作的《赫伯特·奎因作品分析》背后体现的思想。在这篇短篇小说中，一个假想的作家在几何数集的概念基础上创作了无限的小说。有一次，博尔赫斯谈到，如今我们阅读但丁的方式可能连但丁自己都从未想过，与他在

1　巴西理得(Basilides，约二世纪)，生于叙利亚，诺斯替教派创始人。

《致斯加拉大亲王书》中提及的"诗有四义"[1]相去甚远。博尔赫斯想起了九世纪神秘主义者司各特·爱留根纳[2]的一段评论。爱留根纳著有《自然界的划分》一书,在他看来,一个文本可能的阅读方式和它可能拥有的读者一样多;他将这种读者的多重性比作孔雀尾巴色彩的多样性。一个文本接着另一个文本,博尔赫斯探索并确立了这种多重维度的多样性规律。

这些创新、反叛和颠覆也让一些批评家感到恼怒。当博尔赫斯的早期虚构作品在法国出版时,安田朴[3]讽刺地说博尔赫斯是"应该被剔除的",因为他的作品对"作者的身份"这·概念构成了威胁。而其他一些评论家,特别是拉丁美洲的评论家,则称博尔赫斯的作品缺

---

1 但丁是文学史上第一个意识到诗与隐喻之间的亲密关系并通过诗歌意蕴的探究还原这一过程的人。他主张诗有四义:字面义、隐喻义、道德义和神秘义。

2 司各特·爱留根纳 (Johannes Scotus Eriugena,约 800—约 877),中世纪早期最重要的哲学家和宗教思想之一,爱尔兰人。

3 安田朴(René Etiemble,1909—2002),法国散文家、学者、小说家,也是中东和亚洲文化的推动者。

少纪实性，因为他拒绝将文学视作一种报告。事实上，自1926年以来，评论家们就不断对博尔赫斯进行各种抨击：指责他根本就不是阿根廷人（博尔赫斯曾开玩笑说道，"成为阿根廷人是一种信仰"）；责难博尔赫斯像奥斯卡·王尔德一样暗示艺术的无用性；抨击他不强调文学的道德意义或规训价值；批评他过于喜欢形而上学和幻想文学；指责他比起现实更偏爱有趣的理论；挑剔他只因审美价值而深入研究哲学和宗教观念；苛责他没有政治主张（尽管博尔赫斯对庇隆主义和法西斯主义持坚定的反对立场）或批判他支持错误的政党，比如他既和魏地拉[1]握手，也和皮诺切特[2]会面。博尔赫斯之后也为此道歉并签署了一份支持"失踪者"[3]的请愿书。博尔赫斯并不理会这些抨击他的主张（"一个作家最不重要的方

---

[1] 豪尔赫·拉斐尔·魏地拉（Jorge Rafaél Videla, 1925—2013），阿根廷军人、政治人物。在他统治期间，因为在"肮脏战争"中对异议人士的整肃行为而备受争议。

[2] 奥古斯托·皮诺切特（Augusto José Ramón Pinochet Ugarte, 1915—2006），智利总统、军事独裁者，智利迄今为止任职时间最长的总统。1973年在美国支持下通过流血政变，推翻了苏联支持的民选左翼总统阿连德，建立右翼军政府。

[3] 即"Los desaparecidos"，"肮脏战争"发生年代"被失踪"的政治孤儿。

面")和政治立场("最不幸的人类活动")的言论,也说没有人能指责他过去对希特勒或庇隆的支持。

他谈到庇隆，但尽量回避他的名字。他告诉我，听说在以色列，人们在试用新的自动铅笔时，不会写自己的姓氏，而是写下希伯来人自古以来的宿敌——亚玛力人[1]的名字，然后会马上擦掉这个在千年前曾屠杀掠夺希伯来人的民族。博尔赫斯说每次他都会尽可能擦除庇隆的名字。据博尔赫斯所言，1946年庇隆上台执政后，所有想要谋得官职的人都必须支持庇隆主义。由于拒绝加入庇隆党派，博尔赫斯从原本的市立图书馆助理

---

[1] 亚玛力人（Amalekite），《圣经·旧约》中居住在巴勒斯坦西南和西奈半岛的古代闪米特人的一支，也是以色列人的最大敌人。

的岗位被发配到当地的市场做禽兔稽查员（在外人看来，这已是比较友善的发配，但最终博尔赫斯被派去出任养蜂署的稽查员还是很荒谬）。自从1938年博尔赫斯的父亲去世后，博尔赫斯和母亲的生活就完全依赖于他做图书馆馆员的工资；被辞退后，博尔赫斯必须找到其他的谋生方式。尽管他很害羞，但还是开始进行公开演讲，讲话的风格和声音一直延续到今天。我观察过他是如何准备在意大利文化学院的演讲的：他会逐句背诵，逐段重复，直到没有一点磕巴，把反复推敲后的措辞都准确地记在脑中。"我的公开演讲就像是一个害羞者的复仇。"他笑着说。

尽管博尔赫斯充满人道主义，但有时他的偏见也让他看起来幼稚得出乎意料。有一次，他谈到通俗的种族主义，措辞却让敏锐聪明的读者瞠目结舌。比如，为了说明黑人的自卑感，他就曾谈到非洲文化在普遍意义上的缺失。而在这种情况下，与他争辩或试图原谅他都毫无意义。

在文学领域也是如此，他的观点可能更容易被视为一种同情或心血来潮。博尔赫斯对很多作家评价都不高，但将这些作家的名字放在一起也足以构成一部具有说服力的文学史：奥斯汀、歌德、拉伯雷、福楼拜（除了《布瓦尔和佩库歇》的第一章）、卡尔德隆、司汤达、茨威格、莫泊桑、薄伽丘、普鲁斯特、左拉、巴尔扎克、加尔多斯、洛夫克拉夫特、伊迪丝·沃顿、聂鲁达、阿莱霍·卡彭铁尔、托马斯·曼、加西亚·马尔克斯、豪尔赫·阿马多、托尔斯泰、洛佩·德·维加、洛尔迦、皮兰·德娄……过了青年时代的实验尝试阶段后，博尔赫斯不再喜欢为了新奇而新奇。他认为作家不应该让读者感到惊讶。对他而言，文学应该同时呈现"出其不意"和"情理之中"。他忆及尤利西斯在饱经风霜后，看到他那葱郁的伊萨卡岛竟哭了起来，于是写下"艺术是那恒久苍翠的伊萨卡，不是风险"的诗句。

1967年新年前夜，布宜诺斯艾利斯一片喧闹沸腾，令人窒息。我刚好在博尔赫斯的寓所附近，便决定去看望他。他在自己的家中。这之前，他去比奥伊和西尔维娜的家里喝了一杯苹果酒。此刻回到家中他便开始工作。他当时正在写一首诗，街上喧嚷的口哨和鞭炮声（"人们依旧庆祝新年，仿佛世界末日再次来临"）并没有让他分心。许多年前，他的朋友苏尔·索拉对他说，人们在新年做的事能够反映出未来几个月的安排和计划，博尔赫斯也忠实地遵循了这一忠告。每个新年前夜，他都颇有些迷信地开始写作，期许新的一年可以有更多的创作。"您能帮我记录一些句子吗?"他问道。博尔赫斯许多作品的目录都是由词语组成的,正如他所说,"列清单是诗人最古老的活动之一":手杖、钱币、钥匙链……我已记不得那些被记忆唤起的其他物品了,只记得最后那一句:"它们永远不会知道我们已经离去。"

我最后一次为博尔赫斯阅读是在 1968 年,那晚,他挑选的是亨利·詹姆斯的短篇小说《欢乐角落》。我最后一次见到博尔赫斯是在 1985 年,在巴黎洛泰尔酒店(L'Hôtel)的地下餐厅。他很忧伤地谈到阿根廷,说即使有人说那是他的土地,是他生活过的地方,但实际指的也不是具体的场所,而是一种归属感,是他为数不多的朋友们的陪伴。之后,他谈到了自认有归属感的城市——日内瓦、蒙得维的亚、奈良、奥斯汀、布宜诺斯艾利斯——他曾问过自己(在一首诗中他也曾谈及)自己会在这些城市中的哪一座离开人世。他排除了日本的奈良,在那里他"梦见了可怕的佛像,我没有看到,是摸到了"。"我不想死在一种我无法理解的语言中。"他说。

他无法理解为什么乌纳穆诺说他渴望永生。"想要永生不朽的人一定是疯了,对吧?"

对于博尔赫斯来说,永生不朽存在于作品中,存在于他的宇宙梦想中,因此他并不觉得永恒存在是必要的。"主题、词语、文本的数量是有限的。因此,不会有什么会永久消失。如果有一本书会永远消亡,那么一定有人会再重写一遍。对于任何人来说,这已经算是一种不朽了。"有一次他在谈及亚历山大图书馆被摧毁时曾这样和我说。

有些作家试图在书中反映世界,而对另一些更为特别的作家而言,世界本就是一本书,一本他们试图为自己、为他人破译的书。博尔赫斯就属于这一类罕见的作家。在他看来,我们的道德责任就是保持快乐,而在书籍中可以找到快乐。"我不知道为什么我会认为一本书可能会为我们带来快乐,"他说道,"但对这种奇妙的感受,我由衷地充满感激。"他相信书写的文字,也相信文

字的脆弱。他用文字让我们这些读者走入这个无穷无尽,也被人们称为"宇宙"的图书馆。1986年6月14日,博尔赫斯在日内瓦辞世。在这座城市,他发现了海涅和维吉尔,领略了吉卜林和德·昆西;在这座城市,他第一次读到波德莱尔,这位当时让他着迷(博尔赫斯甚至能够背诵《恶之花》)、之后却充满厌恶的诗人。在瑞士的一家医院,护士为他阅读了最后一本书,是诺瓦利斯的《亨利希·冯奥夫特尔丁根》;也正是在日内瓦,青少年时期的博尔赫斯第一次读到这部作品。

* * * * * *

这些文字不是回忆;是对回忆的回忆的一种回忆,而能够证明这些回忆存在过的事实都已日渐模糊,只依稀留下一些图像,一些我也不能确定准确记得的只言片语。年轻的博尔赫斯曾充满智慧地写道:"随任何人的离世而消失的微小智慧/都让我深感震惊。"爬上台阶的孩子在过去的某个时刻就已经消失了,就像喜欢故事的迟暮智者一样。这位老人喜欢古老的比喻——时间就像一条河流，生命就像一场旅程，就像一场战斗——那场战斗和那次旅行对他而言已经结束，那条河流也已带走无数个往日的午后回忆，流动向前；只有文学（博尔赫斯曾引用魏尔伦[1]），即使已经论及精华要义，仍能超越文字的疆界留存下来。

1　保尔·魏尔伦（Paul Verlaine, 1844—1896），法国象征派诗人。

阅读结束了。博尔赫斯做了最后一则评论：关于吉卜林的才华；关于海涅的简单；关于贡戈拉无穷无尽又与葛拉西安（Gracián）刻意呈现的错综所不同的复杂；关于《马丁·菲耶罗》中未对大草原进行描述；关于魏尔伦的音乐；关于史蒂文森的善良仁慈。他说，每位作家都会留下两部作品：写下的文字和自己的形象；这两部"作品"会不断交织缠绕，直到最后一刻。"一个作家，只能奢求通过引导他人通往一个有价值的结论来获得满足，对吧？"他笑着说，"但那又需要多少说服呢？"他站起来，第二次漫不经心地伸出手来。他送我到门口。"晚安,那么明天见吧?"他说道,没有等待我的回答。然后缓缓关上了门。

图书在版编目(CIP)数据

和博尔赫斯在一起/(加)阿尔维托·曼古埃尔
(Alberto Manguel)著;李卓群译.—南京:南京大
学出版社,2019.5(2019.10重印)

书名原文:Con Borges

ISBN 978-7-305-21866-8

Ⅰ.①和… Ⅱ.①阿…②李… Ⅲ.①博尔赫斯
(Borges,Jorge Luis 1899—1986)-生平事迹 Ⅳ.
①K837.835.6

中国版本图书馆 CIP 数据核字(2019)第 062975 号

出版发行 南京大学出版社
社　　址 南京市汉口路 22 号　　　　邮　编 210093
出 版 人 金鑫荣

书　　名 和博尔赫斯在一起
著　　者 (加拿大)阿尔维托·曼古埃尔
摄　　影 (阿根廷)萨拉·法西奥
译　　者 李卓群
责任编辑 沈卫娟

照　　排 南京紫藤制版印务中心
印　　刷 江苏苏中印刷有限公司
开　　本 787×1092　1/32　印张 3.75　字数 50 千
版　　次 2019 年 5 月第 1 版　2019 年 10 月第 2 次印刷
ISBN 978-7-305-21866-8
定　　价 35.00 元

网　　址 http://www.njupco.com
官方微博 http://weibo.com/njupco
官方微信 njupress
销售咨询 (025)83594756

江苏省版权局著作权合同登记　图字：10-2017-272号